命理與人生㊲

風水照妖鏡

勞大剛 著

時報出版公司 印行

ISBN 957-13-0325-9

「我不懂風水，但相信風水是有道理的。」

——世界知名建築師

貝聿銘

一九八四年

第三章　風水命理界怪現象

第四章　風水命理雜錦拼盤

第一章　風水命理是迷信嗎？

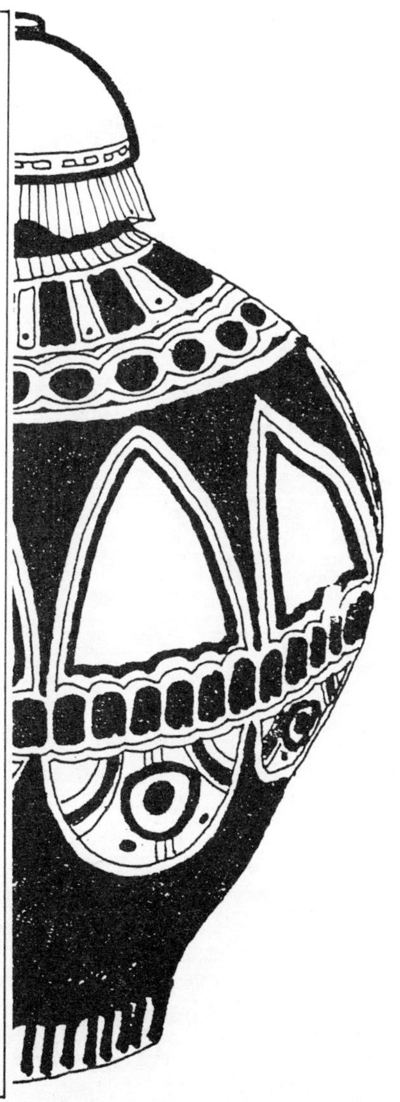

第一節　與港大建築學院講師龍炳怡談風水

風水和地理最有關係，地理和房屋最有關係，房屋和建築師最有關係，我的朋友之中，只有一位是建築師，香港大學建築學院講師龍炳怡

說眞的，找龍炳怡談風水，並不是在無可選擇的情況下所作的決定，主要是他的學術背景，令他成爲我訪問的最佳人選。第一，他懂得建築，曾經取得美國俄立岡大學建築學士和建築碩士兩個學位；第二，他對中國文化一點都不陌生，他在同校「亞洲研究」課程取得了他的第三個學位，專攻中國歷史。

相信很多人都會感到驚異，特別是那些所謂「不信」風水的人，作爲香港最高學府之一的香港大學，居然有人在建築學院堂堂正正的講風水，而且有時不止於講，教師和學生們更老遠跑到新界看鄉村古老大屋的風水哩！

建築學院的學生們，可能不大懂得運用羅盤，但當他們看到新界客家大屋屋前多數都有的半圓形水池，就知道我們的祖先多麼懂得利用大自然的環境來改善居住情況。「千金難買向南居」，理想的屋向，自然是坐北向南，屋背向北，是爲了避開寒冬北風的吹襲，屋前朝南，自然是可以充分享受到南風的好處，爲炎熱的夏天，帶來涼快；那麼，水池用來做什麼呢？養魚麼？養烏龜嗎？都不是，我們的祖先想到風，同時也想到了水；遠來的風，可能太乾太燥，沒有水潤怎成呢？炎陽下的水池，受到蒸發，水氣上升的時候，吹來的風，當然會清爽得多了。

帶學生去新界實地考察，當然並不等於毫無保留地肯定風水的價值，更不是鼓勵學生去「迷信」風水。這只不過給予學生們一個機會，從環境學、歷史學和文化人類學的角度去看看古老中國智慧的具體表現。大自然的各種力量在過去是被認爲不可抗拒的，因此人們想到順應自然，和自然保持一種協調和諧的均衡。風水，是人們利用自然的結果。

不但香港大學建築學院對中國風水有興趣，在外國，特別是美國西岸多個重要城市，例如西雅圖、柏克萊等地的環境學家都非常熱中於研究風水。早在十多年前，波特蘭市的TOM BENDER就經已發表過一篇有關堪輿學的論文，題目叫EARTH FORCES（地球的各種力量）。已故俄立岡大學建築學院卓鼎立教授亦曾鼓吹過風水「科學化」。

有一個風水的故事，是卓教授最愛和人提及的。

話說福建省的某個鄉鎮，需要建造一個燒窑。燒窑當然不可能沒有煙囪的，煙囪築得太高和太低都不成。於是鄉鎮的父老們都聚在一起，頻頻開會，像香港的兩局議員一樣，議論紛紛，討論的當然不是一九九七的問題，問題是：「這個窑應該蓋在甚麼地方最適當？」

太多人發言的會通常是沒有結論的。只有一個建議獲得大多數人贊成：交由風水先生去負責處理。

頭戴道士帽、身穿道士袍，風水先生的裝扮眞叫人肅然起敬。說到排場也可眞不少，大大的祭壇，堆滿了衣紙香燭。好不容易等到擇定的時辰，儀式才宣告開始。於是燒香啦、燒衣紙啦，還把一些衣紙撒到空中，撒得高高的，也給風吹得遠遠去。

儀式告了一段落，風水先生也有了結論，燒窑在那個地方蓋造，煙囪應該建多高，都有了答案。父老們皆大歡喜，風水先生也愈發得人尊敬。

卓鼎立教授的風水故事說完了。單純就表面來看，風水先生的祭禮作法，百分百是迷信，簡直不值一哂。但假如你暫時把有色眼鏡放在一旁，把故事細心加以分析，你會發現，穿道士袍的風水先生，外表雖然披上一層世俗所謂「迷信」的外衣，但實質上却是在做着建築師的工作。燒香是看煙的走勢來測定風向，撒衣紙到高空去是要量度風力强弱的程度，要知道煙囪建多高，附近的鄉民才不會受到煙燻的影響。

龍炳怡認爲：現代的地理學、環境學，也就是古代的堪輿。可惜太多術士們加以過分神化，所以漸漸失去它在古時所享有的學術地位，而淪爲今日的所謂「迷信」。

每一個建築師在進行圖則設計之前，都花過一番功夫，在建築地盤進行「地形分析」(SITE ANALYSIS)，包括地質、氣候、雨量、環境、方位等等。古時候的中國人在建造房宅時，也經過類似的步驟，叫做「相宅」。《詩經・大雅》有以下的一段描述：

既景迺岡，相其陰陽。觀其流泉，度其隰泉。徹田爲程，度其夕陽。

這段詩大概是說「相宅」時首先觀察山的形狀，再看看附近流水的方向；近人根據「度其夕陽」一句，推測這一所房子可能是坐東向西。另外《周書．召誥篇》記述周武王遷都洛陽前，曾經派周公前往「相宅」：

惟二月既望，越六日乙未，王朝步自周。則至於豐。惟太保先周公相宅。越著來，三月惟丙午朏。越三日戊申，太保朝至於洛。卜宅，既得卜，則經營。

從上述文字可以看得出，周代皇室對營建宮室是極度重視的，除了「相宅」，還要「卜宅」。「卜宅」就是用龜殼來占卜吉凶；不過有一點值得我們留意的是，當時所

用的「相宅」之法，當然不是今日我們看風水所使用的方法。因爲現在的堪輿家數，主要是唐朝和明清兩代流傳下來的。至於周公「相宅」是否根據傳說中黃帝所編的《宅經》，則不得而知了。

今日的建築師，多少都懂得一點風水，他們不但不輕視風水，反之，堪輿典籍如《水龍經》等有關地理的部分，都成爲他們的閱讀素材；假如有一日港大建築學院增設了「風水學」一科，還請讀者們千萬不要大驚小怪哩！

第二節　與婦產科專家談「人造八字」

——由「望子成龍」到「助子成龍」

本港愈來愈多的父母，都喜歡替即將出生的腹中嬰兒擇定良辰吉日，要求醫生按照指定時辰剖腹取子，希望製造出一個大福大貴、福壽雙全的下一代。

「望子成龍」是中國人通用的一句成語，但今日香港的父母們不但只「望」，而且「助」。這種「助子成龍」的情形愈形普遍，很多人出生時的八字，也變成了「人造八字」，純是人爲而不是順其自然任他瓜熟蒂落的了。

選擇吉日良辰剖腹取子，在理論上是行得通的，只不過在實際執行起來的時候，有幾個主觀和客觀的條件，不容我們不加嚴重考慮。

第一：剖腹生產雖則可以自定「八字」，但却不能自定全部八個字（即年、月、日、時共八個天干地支字），最多只能定兩個字至六個字而已。我們要知道，好命

和壞命並非可以單靠好日或者好時辰就造得出來的，必須要八個字都好，互相配合得宜才勉强稱得上是一個好八字。另外更重要的一點是，先天命局(即八字)對人一生的際遇，只佔一半的影響力，另一半要靠後天大運，所謂「命好不如運好」，就是這個道理。

第二：替出生嬰兒選擇時辰的八字專家，必須功夫到家，否則弄巧反拙，買大開細，將一個壞的八字當好八字，結果受害的，還是經過剖腹取出來的小生命。

第三：同樣一個八字(即同年、同月、同日和同時)，假如性別不同，那麼後天的大運排法是絕對相反的；因爲大運的排法是根據「陽順陰逆」的原則，陽年男命大運順排，陰年男命大運逆排，女命恰好相反。利用醫學方法來鑑別腹內嬰兒的性別，準確程度並非百分百；如果不能絕對肯定腹中塊肉是男是女，那麼聘請專家配好年月日時進行剖腹取嬰，便有相當程度的冒險性了，因爲萬一擇好了男孩八字，但生了個女的出來；或擇好一個女孩八字，結果生出來的是個男的，那就不知如何是好了。

爲了進一步瞭解擇日剖腹取嬰的可行性，筆者專誠訪問了養和醫院婦產科的一位醫生，向他諮詢醫學上的技術性問題，希望對剖腹取子的利與弊，能夠找出命理與醫學上的綜合性解答。

根據醫生所說，香港所有醫院都不會隨便進行剖腹手術的，只有在符合基本的先決條件情形下才會考慮；那就是，胎兒必須要足月。所謂足月，就是三十八至四十二個星期；中國古時候常說「十月懷胎」，就是指胎兒在母體中孕育成長的時期，起碼要有十個月，相當於四十個星期。這個期限和現代醫學足月的定義相距前後不過兩個星期；如果胎兒不足月，通常醫生是不會答應進行剖腹取子的手術的。除非待產婦本身的健康情況出現紅燈，比如說，產婦患上了糖尿病或者「先兆子癇症」。「先兆子癇症」的病徵一般來說是血壓高、蛋白尿和水腫。有時如果醫生檢查出產婦有產前出血的情形，也會建議提早催生。產前出血的主要原因有二，其一就是胎盤前置，其次就是胎盤早期剝離。產前出血因爲會直接影響到產婦的生命安全，所以不得不提早進行剖腹手術，不過這和「人造八字」無關，完全是基於醫學上的理由以求保障產婦的生命不會受到威脅。至於剖腹的時間，是否吉日良辰，當然就顧不到那麼多了。

假使胎兒已經足月，而父母要求剖腹來配合專家擬定的八字的話，在未定八字之前，必先要確定胎兒的性別。通常可以採用的方法有兩種，第一種是「超音波檢驗法」，這種方法有時不需等到胎兒足月，在產婦懷孕後二十四至二十八個星期就可以進行超音波檢驗了。問題是，沒有人敢肯定檢驗結果是否絕對準確的，準確性大致是百分之七十至百分之九十五之間；當然，這和負責醫生的經驗、進行檢驗時所使用的器材以及檢驗的次數都很有關係。器材愈先進，檢驗次數愈多，而負責的醫生經驗又豐富的話，準確性自會大大提高，但始終並非百分百。聽說前港視藝員劉敏儀懷孕時，經科學鑑證爲男胎，但生出來的却是一名女嬰，就是一個好例子。

鑑定性別的另一方法就是「抽羊水」，然後根據遺傳因子來鑑別是男是女，不過，這種方法在香港並不常用，反而在中國大陸比較普遍。據養和醫院婦產科陳醫生透露，本港醫院假如需要進行「抽羊水」試驗，其主要目的通常不是用來鑑定胎兒性別，而是在胎兒到十四至十六個星期時，檢查有沒有先天症缺陷的。

讓我們來作一個大膽的假設：一、胎兒經已足月；二、經醫學鑑定結果，百分之一百肯定了胎兒的性別；三、八字專家功夫絕對可靠，擬定了一個天上有地下無的好八字，那麼醫生是否就絕對可以毫無差錯地依足時辰來替產婦做手術呢？在技術上是可行的。可以採用的方法有兩種，第一種是「催生」，第二種是「延生」。

學例說，八字定好了某月某日某時，但產婦在接近指定時辰尚未作產，那就要「催生」了。「催生」的意思就是使用藥物引產或者手術穿水。至於「延生」就是指產婦在指定時辰前就已經作產，爲了延長產程，醫生通常會替產婦打止痛針，或者施用防止「宮縮」的藥物，這種做法，通常可令產婦作產時間延長一至兩小時之久，盡可能遷就選定的出生時辰。

撇開醫學技術不談，單單從「自擇八字」出生的基本立論來看，還有相當多的問題存在。最主要的癥結所在還是可供選擇的範圍太窄。眞眞正正的好八字根本上就不多，我們放眼世界，試問特別好命的人多抑或普通人多？八字中的八個字，牽一髮動全身，同一個月內，好的日子並不太多；同一日內，好的時辰亦不多，最難的是年、月、日、時都要配合，要找到一個眞正的上好八字來剖腹取子，坦白說是談何容易。

有人說，瓜熟蒂落，大自然自有大自然的規律，剖腹取子，違反了自然規律，所以這種「自定八字」是作不得準的。筆者才疏學淺，對這說法，不敢妄作肯定或否定，一來因爲古時根本沒有開刀取子這回事，而命理學的原理和法則是古時的產品，對剖腹取嬰從沒有隻字片言提及。其次，天地之間確有定數，人命之所以會循着一定的軌跡行走，除了受着命和運的支配之外，還直接或間接和風水有不可分割的關係，甚至與父母的福分之厚薄也有相干。一個太好的八字，假如父母福分太薄，那麼做父母的就未必消受得起，很有可能互相刑尅，反而得不到好處。

第二章　江湖術士的生意經

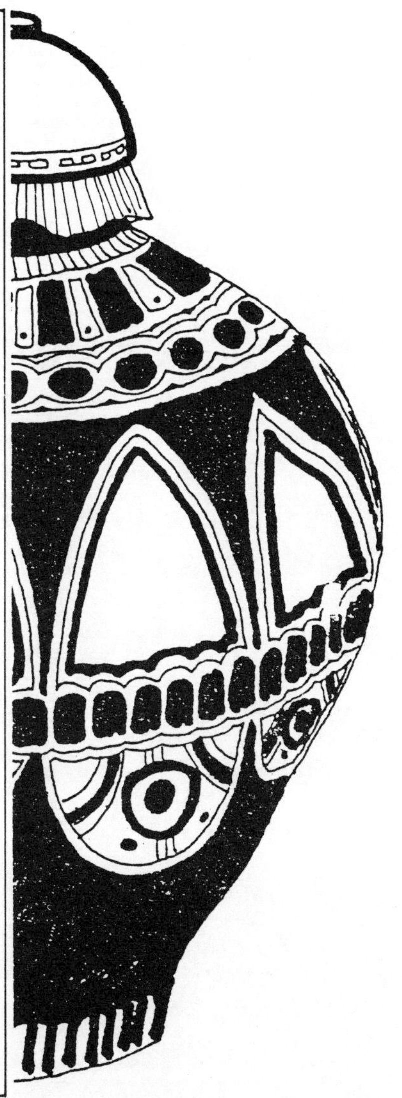

第一節　給全港影視藝員歌星的一封公開信
——胡說八道的姓名學

親愛的影星、藝員、歌星們：

我是本着很大的誠意來給你們寫這封信的。我衷心希望你們每一位都很紅：演電影電視的有演電影電視的紅，唱歌的有唱歌的紅。男的紅過成龍、許冠文，女的紅過鍾楚紅、鄧麗君。不過假如你們天眞到以爲輕輕鬆鬆的把名字一改，立刻好運自然來的話，那非請細心讀讀這封信不可，說不定可以省回數百元的改名費哩！

姓名學並不是這幾年才流行的，在這方面的研究，台灣就比香港先進了好幾十年。市面上一本又一本的姓名學書籍，大部分是台灣姓名學「大師」們的傑作；本地土產大師的作品，比起來就有如鳳毛麟角了！

不過，台灣的姓名學，也不是台灣土生土長的。這種學說的老家來自日本，是

一位日本人叫熊崎健翁所發明的。我們所買到的《姓名學之奥秘》、《姓名與命運》、《名學妙數》等等，全都是熊崎健翁理論的翻版，而且本本千篇一律，看一本等如看十本。

姓名學絕對不是怎樣精深奥妙的玄學，一個有初中程度的人，花他個三兩小時，馬上就懂得運用姓名學來判斷吉凶了。爲什麼這樣説呢？因爲姓名學的理論，全部建築在名字的畫數上面，用筆畫的畫數來定吉凶。讓我們借用船王包玉剛的名字來作一個例子，大家就容易明白：

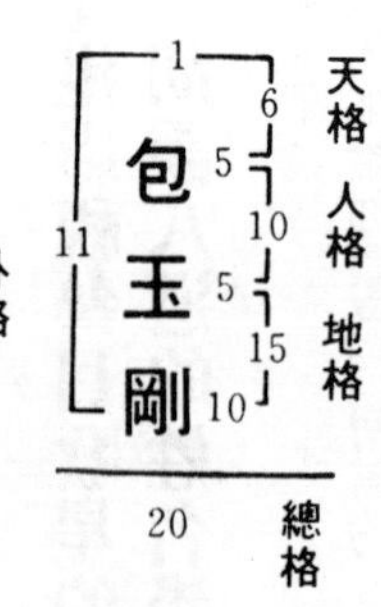

根據姓名學的計算方式，「包」字五畫，包字上面一定要加一個虛字，當一畫計，加起來就是六，代表天格。「玉」字也是五畫，「玉」字的五畫加上「包」字的五畫，共十畫，代表人格；「剛」字十畫，與「玉」字畫數相加，計共十五畫，代表地格；「剛」字和虛字的一畫相加，共十一畫，代表外格。而「包玉剛」三個字的畫數總和是二十畫，代表總格。

好了，有了天、地、人、外、總五個格和五個數後，又怎樣判斷吉凶呢？借句廣東俗諺說，眞可謂「易過借火」，一查表就知道答案。每一本姓名學的書例必附有所謂「八十一靈異數」，由一數開始一直數到八十一數，天地間人類一切不同的命運據說都逃不開這八十一個靈異數的範圍。靈異數是怎麼來的，眞個是人言人殊，無從稽考。

熊崎健翁說，天格由於是父姓、祖宗傳下來的，所以它的靈異數並不直接影響本命。人格最重要，等於整個姓名的中心，支配一個人一生命運，判斷姓名吉凶，

主要看人格的數。那麼回頭看看包玉剛先生的名字吧！這個名字的人格數是「包」字和「玉」字畫數的總和，合十畫，「八十一靈異數表」對十畫的吉凶是這樣說的：

萬事終局之運數，有此數者多於呱呱之聲誕生於家破人窮之門戶，長受逆境之折磨，一生嘗盡苦楚辛酸，前途暗淡……此運數大抵缺乏魄力，屢做屢敗，遂致家破財散，陷於困苦、病弱、遭災難、刑罰等非運、三才配合不得宜者，多於中年前後，編入黃泉之籍。

至於主宰晚運的總格，共二十畫，二十畫的靈異數是屬於「非業破運之災禍不安數」：

家宅人口不安、男女喪失配偶、病弱、短命、非業、破滅、家庭生計陷於苦境……

有關包氏的成就，人盡皆知，根據姓名學的推算，不特無一分靈驗，簡直亂七八糟，截然相反。我們再用姓名學的法則去看看其他人吧！關德興老當益壯，姓名學卻批他病弱短命、何守信號稱金牌司儀，但他的姓名靈異數却說他「秋草逢霜不如意，身弱多病」。這些荒唐例子，十日十夜也數不完，請問各位，姓名論吉凶，可信嗎？

有位姓名學家，妙想天開，發明了「字有靈魂」的偉大創見。因爲每個字都有靈魂，所以每個字都有生、旺、病、死、苦、破、敗、虛、空、弱等影响命運的潛力。比如說，名字叫「春」的人，不論男女，婚姻多不如意；名字叫「夏」的人，多數短命；叫「秋」的人，財運不佳；叫「梅」的人，中年成寡婦；叫「龍」的人，有志難伸。大家都知，名字叫「龍」的人有成龍，他成爲國際明星，聲譽之隆一時無兩。叫「秋」的人有鄭少秋，由香港紅到台灣，這請問姓名學家們又怎麼解釋呢？

姓名學還有另一偉大發明，就是所謂「三才配置」。三才是根據字的靈異數，硬性替那些數配合了金木水火土五行中任何一行。如此一來，不但可定吉凶、知未來，甚至連姓名的主人會患些什麼病都知道哩！比如說，戚美珍的「三才配置」爲

「木水水」，會患甲狀腺腫脹、喘息、糖尿病、腦炎、腎病、生殖系統病；趙雅芝的「三才」配置是「土土木」，會患上腸胃病、神經過敏症、且忌中醫；(眞不明白中醫和姓名學有什麼過不去哩！)許冠文的是「木水火」，會患心臟病、精神病，而且會有急禍；汪明荃的是「水土水」的「三才配置」，不但消化系統有毛病，更會患氣喘、腎虧、婦人病等；鄭少秋的病更絕，「水火火」的「三才配置」，會令他患上腦溢血、小兒痲痹、心臟病、啞巴、盲目、氣喘、精神病，會殺人或被殺、自殺等，堪稱滿紙荒唐、胡說八道，姓名學淪落到這個地步，我們還有什麼可說呢？

改名是否可以改變命運呢？姓名學家們當然說可以，還說可以醫病哩！許多姓名學的書裏都有提到，某某人患了癌病、肝病以及發生事禍、無妄之災等，無非因爲名字數理配合不吉和三才配置不佳所導致。言下之意，就是一旦改了姓名，所有疑難雜症都會不藥而愈，連醫生也不必看哩！想錢的立刻有錢，想地位的立刻有地位，想有美妻的立刻有美妻，眞是妙想天開得緊。

其實，只要我們肯用腦想一想，就不難明白，姓名改運，是百分百的天方夜譚。改名若能醫病，要醫院醫生何用？改名若能致富，那麼我們安心坐在家中等中六合彩可矣，何需上班。

所有努力推銷姓名學的大師們，通通犯了幾個毛病：

第一：忽略了姓名學的基本理論根本站不住脚。名字的筆畫和命運根本毫無關係，只有在神話故事中才可以扯在一起，而且，有很多人根本用英文名互相稱呼，這筆帳又怎麼算？至於所謂八十一靈異數，居然可以和陰陽五行一家親，更加大話西遊了。

第二：姓名學斷吉凶主要看字的畫數，但中國的文字，筆畫計算向來都不統一。例如「江」字，如以「水」部的「水」當四畫來計算，應是七畫，如以「氵」部的「水」三畫來計算，應是六畫，那麼，「江」究竟是幾畫？下面是一些例子：

「手」部四畫，也作「扌」部三畫，如「振」字計十一畫，也計十畫。

「心」部四畫，也作「忄」部三畫，如「怡」字計九畫，也計八畫。

「犬」部四畫，也作「犭」部三畫，如「狗」字計九畫，也計八畫。

「玉」部五畫，也作「王」部四畫，如「玲」字計十畫，也計九畫。

「艸」部六畫，也作「艹」部四畫，如「花」字計十畫，也計八畫。

「肉」部六畫，也作「月」部四畫，如「肩」字計十畫，也計八畫。

好像上面畫數不統一的中國字，多得不勝枚舉，那麼以畫數做基礎的姓名學，遇有這種字，怎樣去抉擇？

第三：把事情看得過分簡單化。五術中人往往犯了一個通病，替人看風水時把風水吹噓成萬能勇士，只要風水一改，立即福祿壽全。姓名學家也是一樣。其實，影响人一生命運有多種主觀和客觀的因素，如先天八字、遺傳、家庭環境、社會及政治因素、個人性格等等。姓名學，即使有其影响力，這力量和上述因素比較，究竟佔多少比率呢？姓名學不是全部，但有些姓名學家偏偏就把姓名學當做全部，或者這些大師們別有用心也說不定，明明知道改名並不能改變命運，也不願說出來，否則又往那裏去找人心甘情願掏荷包請他們改名呢？

爲什麼還有那麼多人相信改名可以改運呢？理由其實簡單得很。大部分人對姓名學可謂一無所知；替他們相命的怎麼講，他們就怎麼信，而且人通常都是在「運滯」的時候才會想起要改名的，做極都紅不起來的歌手演員，也會把希望寄託在改名之上；一般的心理都是寧可信其有、不可信其無，不過這純粹是個幻想。一個人的起落和際遇、得失窮通，很大部分是命與運的配合。假如命裏有時終須會有，時來運到自然而然紅透半邊天，改不改名，完全無關痛癢。奉勸各位親愛的偶像們，努力做好本分，靜待好運來臨，比改名實際得多了。

附錄(一)　改名與星運

李英豪

電視明星、歌星與電影明星都怕星運不濟。有些人更因此而改名，認爲名字的筆畫和時辰八字的配合很奧妙。有人把「財」改作「材」，「文」改爲「雯」。最近聞說文雪「兒」也易名爲文雪「儀」，李影也想改作李影珊。二人的本名頗有詩意，改了反而有點俗套，不倫不類。很多圈中人愛請教一名擅於占卜測字的瞎子，甚至有些熱愛話劇的朋友，在一齣劇沒有定名之前，亦會要求「指點迷津」。

比方由奧尼爾原著的「榆樹下的慾望」，繙譯成中文上演時，話劇團的負責人便

把好幾個中文劇名，先給這位測字高手測一測，結果選中「狂流」二字，認爲這兩個字可以賣個滿堂紅。

又有一次，本來由唐書璇執導「潘金蓮」的舞台劇，據說「潘金蓮」三個字犯忌，測出來不大如意吉利，所以那個劇一波三折，換完導演之後，景黛音、李賽鳳、尤翠玲等又先後辭演。後來這位測字高手提議易名爲「武松戲嫂」。雖然終於能夠上演，但已感到有點狼狽了。從事其他行業的一些人士，也深信改名會帶來好運。我信緣分，也信際遇，就是不相信改名能轉運這回事。一個人的「料子」有多少就是多少，不會因爲改個名，演技便突飛猛進。演劇是靠自己用心多作揣摩、觀察、吸收和鑽研的，如果不是塊好材料，即使運氣到來，有機會獨挑大樑，還是「穿起龍袍不似太子」、「爛泥扶不上壁」。料子才是最重要的事，名字並不重要。

大家所熟悉的德斯汀荷夫曼，在還沒有成名之前，很多朋友建議他改過另一個名字，運程會比較好些。原來外國影壇人士也相信這一套。可是德斯汀荷夫曼堅決認爲自己的名字沒有什麼不妥，充耳不聞，處之泰然，仍努力不懈，不斷探索演藝，他沒有再改過另一個名字，但依然能夠紅透半邊天。

附錄(二) 知識小品

坦桑尼亞的人名五花八門，非常有趣。官職的名稱，如少校、部長等，可以作人名；今天、明天、肥皂、打火機等，也可用作人名。一個工人叫「壞工作」，因爲他出生時，父親的工作不理想。有人羨慕健壯，就取名「大象」；有人希望善跑，就叫「駝馬」。還有人叫「痲煩」、「打攪」、「沒關係」……

有一位中國專家問坦桑尼亞一個小伙子叫什麼名字，小伙子說：「再見吧！」專家愣住了；在路上他遇到一位姑娘，問她的名字，她說：「你好。」專家答道：「謝謝，你叫什麼名字？」她又說：「你好。」這樣反覆了好幾次。原來，「再見吧」、「你好」都是人名。

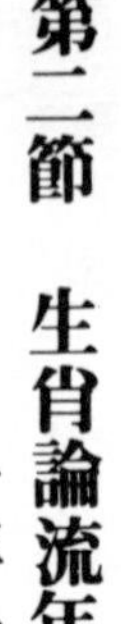

第二節　生肖論流年
——一年一度的賺錢良機

年近歲晚，任何人都可以在報攤隨手撿起三數本《鼠年運程》、《牛年財運》之類的應節書籍。無論你的生肖屬鷄、犬、虎或其他，都可以從這些小書中，找出未來一年運程的吉凶，而且內容大都詳盡備至、言之鑿鑿。但是，可信程度究竟有多少呢？

可以肯定的說一句，準確性不高。

這並不是說著書的人信口雌黃，毫無根據。老實說，根據是有的，只不過單憑生肖就去推斷一個人的流年，差不多等如戴着面具，全部封得密密的，只露出一雙眼睛，然後要相士替你看相。看得出才是怪事。一句話，生肖論流年，純粹是頭腦靈活的術士們的生意經。

要明白爲什麼單看生肖，論不出流年，非要首先瞭解生肖是什麼不可。

我們一般人所熟知的十二生肖，就是十二種動物，按生肖的次序排列下來，分別是鼠、牛、虎、兔、龍、蛇、馬、羊、猴、雞、狗和豬。

要深入瞭解十二生肖，牽涉的範圍非常廣泛。不但要討論到中國人的宗教信仰、社會傳統，更與曆法有關。

古時候的中國，農業的收成、播種和一年四季的氣候變化、日月的運轉，兩者之間需要高度的配合。人們長時期觀察天象和自然變化的結果，慢慢就有了曆法的產生。根據考古學家在殷墟發掘所得，中國早於公元前一七八三至一一二三年左右，就有了相當準確的農曆法和干支紀日法。

什麼叫做干支?比如說衆所周知的「辛亥革命」、「甲午戰爭」、「庚子賠款」等歷史重要事件，都是用干支來記載年代的。相傳干支是黃帝命大撓氏所做的，不過傳說終歸傳說，可信程度極之低。個人認爲干支紀日的發明是長時期演變的成果。

干是十個天干字，亦即甲、乙、丙、丁、戊、己、庚、辛、壬、癸。支是十二

個地支字，亦即子、丑、寅、卯、辰、巳、午、未、申、酉、戌、亥。干字在上而支字在下，所以合稱天干地支。依次配合起來就成甲子至癸亥六十個名稱，叫做「甲子一週」，又叫「花甲」。

六十甲子

甲子	乙丑	丙寅	丁卯	戊辰	己巳	庚午	辛未	壬申	癸酉
甲戌	乙亥	丙子	丁丑	戊寅	己卯	庚辰	辛巳	壬午	癸未
甲申	乙酉	丙戌	丁亥	戊子	己丑	庚寅	辛卯	壬辰	癸巳
甲午	乙未	丙申	丁酉	戊戌	己亥	庚子	辛丑	壬寅	癸卯
甲辰	乙巳	丙午	丁未	戊申	己酉	庚戌	辛亥	壬子	癸丑
甲寅	乙卯	丙辰	丁巳	戊午	己未	庚申	辛酉	壬戌	癸亥

由上面的甲子排列可以看到，由於甲乙丙丁等天干字只有十個，而子丑寅卯等

地支字有十二個，比天干多出了兩個，所以在排列的時候，要六十個組合才會再出現重複。

近代的習慣，干支是用來紀年、紀月、紀日及紀時的。但在秦漢以前，干支的配合純粹專作爲紀日之用。就是每日一名，周而復始。用干支紀年、日、時的習慣要到漢朝才開始。

那麼，用來計算和紀錄時間的干支，又爲甚麼會和生肖扯上關係的呢？其次，在所有動物之中，何以偏偏要選鼠、牛、虎、兔、龍、蛇、馬、羊、猴、鷄、狗、豬，而不選大象、獅子、痲雀呢？

十二生肖最早的文字紀錄始於東漢王充的《論衡》。在《論衡》第四卷中，王充將地支和生肖綜合敍述。不過，王充是不是生肖的原創造人，相信是一件十分難以考證的事。

生肖觀念的誕生，相信和以下幾種因素有關：

一、中國古代是一個深受圖騰傳說影响的社會。人們對於自己的來源，往往認爲是龍的傳人。而且古時候的人亦習慣將動物「神化」和「人格化」。不同的動物也被

賦予不同的特性，比如說龍代表高貴，虎代表威猛，猴代表聰明等等。

二、傳統的農業社會重視生殖的能力、財富的積聚。重視生殖的原因是不難理解的。愈多人的家族，勞動力愈大，所以古人喜歡恭喜新婚夫婦「連生貴子」；而「好生養」也成爲婦女旺夫的條件之一。一個愈是富裕的家族，畜養的牛豬必然愈多，所以牛豬等動物變了財富的象徵。

三、陰陽家借用十二種動物來匹配十二地支，主要是利用動物的特性或活動習慣，來象徵十二地支的陰陽本質。舉個例說，子肖鼠：子時代表深夜十一時至翌日凌晨一時，在時間上屬於最陰，萬物的活動都不約而同減至最低限度。所以古書《七修類纂》說：「子爲陰極，幽潛隱晦，以鼠配之，鼠藏迹也。」老鼠的活動，是最見不得光的，最怕人發現牠的踪迹，所以陰陽家就用老鼠來配極陰的子時。到了午時，太陽爬到至高之處，所以陽性的力量最顯著，《七修類纂》說：「午爲陽極，顯明剛健，以馬配之，馬行快也。」

生肖還生肖，干支還干支，兩者本來是兩種不同的東西，但由於上述的原因，生肖和干支(主要是地支)便走在一起。也許古代農民知識水準不高，要他們記著兒子是在辰年出世，倒不如要他們記著是龍年出世；一來記憶容易，比較具體化，二來「龍年生貴子」的傳說觀念，在他們腦海中，根深蒂固，一般人寧可去記着龍年也不去記着辰年了。

中華民族多少年來都是一個十分迷信的民族，幾乎什麼東西都可以成爲崇拜對象。十二生肖也不例外。不但被請進廟裏享用香火，而且被人們安上姓氏和官職：

子——**鼠**——富（李大夫）
丑——**牛**——勤（田大夫）
寅——**虎**——猛（雷大夫）
卯——**兔**——柔（柳大夫）
辰——**龍**——貴（袁大夫）
巳——**蛇**——敏（紀大夫）
午——**馬**——健（許大夫）
未——**羊**——馴（朱大夫）

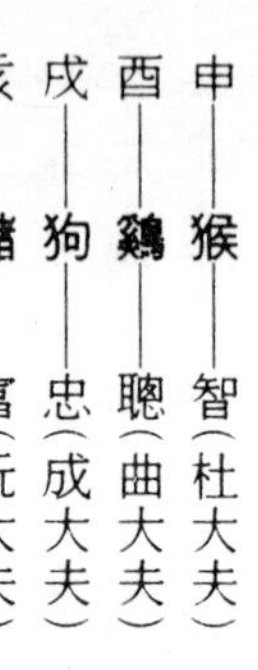

申——猴——智（杜大夫）
酉——雞——聰（曲大夫）
戌——狗——忠（成大夫）
亥——豬——富（阮大夫）

明白了生肖的來龍去脈，再去理解爲什麼單憑生肖不可以準確地推斷流年吉凶，就容易得多了。

某個人一生的際遇、禍福窮通、成敗得失，是由他出生的年、月、日和時辰所決定的。所謂「八字」就是根據年、月、日、時所計算出來的八個天干地支字。單憑生肖，只能知道某人出生資料的八分之一。比如說，閣下生肖屬龍，那就是說閣下是在辰年出世，但每十二年就有一個辰年，而每個辰年的天干又不一樣。一九五二年是龍年，干支是壬辰；過了十二年後又是另一個龍年，但干支字是甲辰。一九七六年的龍年是丙辰，一九八八年的龍年是戊辰。同是屬龍，出生年可能是戊辰、庚辰，可能是甲辰、壬辰，也可能是丙辰，究竟是哪一個辰？寫「生肖推流年」的人根本不知。如果說凡是屬龍的人在某一年度的流年吉凶都一樣，這是只有白痴才會相信的鬼話。

正確的推論流年，一定要有正確的時辰八字、大運，再和流年干支字一共十二個字，互相仔細推敲參詳，才有結論。十二個字缺一不可。否則，不能叫做推命，而是撞彩，或者瞎猜。當然，瞎猜有時也會碰巧猜中一二的，不過，既然明知是瞎猜，難道你還去信他？

*鼠年配子，子字金文象形狀似小孩展開雙手。方位爲正北，時間爲凌晨十二時正。

*牛年配丑，丑字金文象形狀似用手指在抓東西。方位是東北，時間是凌晨一至三時。

＊虎年配寅，寅字金文狀似兩手緊握箭桿。
方位爲東北，時間是上午三至五時。

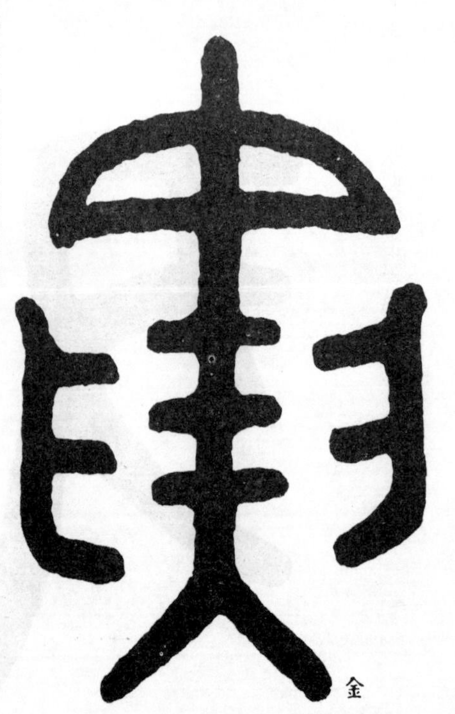

*兔年配卯，卯字金文狀似雙手推門。方位爲正東，時間是上午五至七時。

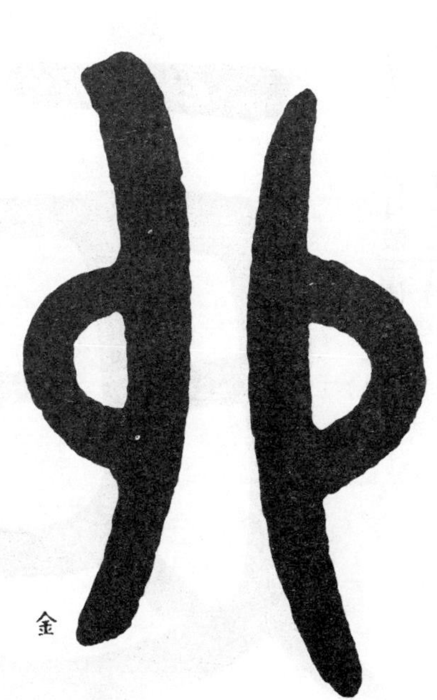

金

金

*龍年配辰，辰字金文形似貝殼中伸出軟體之狀。方位爲東南，時間是上午七至九時。

金

*蛇年配巳，巳字金文象形說法有二，一爲蛇，另一爲胎兒。方位爲東南，時間是上午九至十一時。

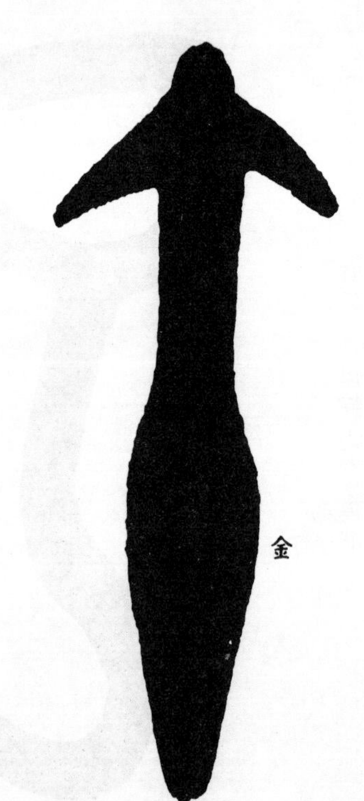

*馬年配午，午字金文爲杵的象形。方位爲正南，時間是正午十一時至一時。

＊羊年配未，未字金文象形一枝葉繁茂的樹，與羊毫無關係。方位爲西南，時間是下午一至三時。

未

金

*猴年配申，申字金文爲閃電的象形，也是天上諸神的象形，後來加上「示」字旁即成「神」字。方位爲西南，時間是三至五時。

*鷄年配酉，酉字金文原爲酒壺的象形。方位爲正西，時間是下午五至七時。

金

＊狗年配戌，戌字爲古代武器「鉞」的象形。
方位爲西北，時間是下午七至九時。

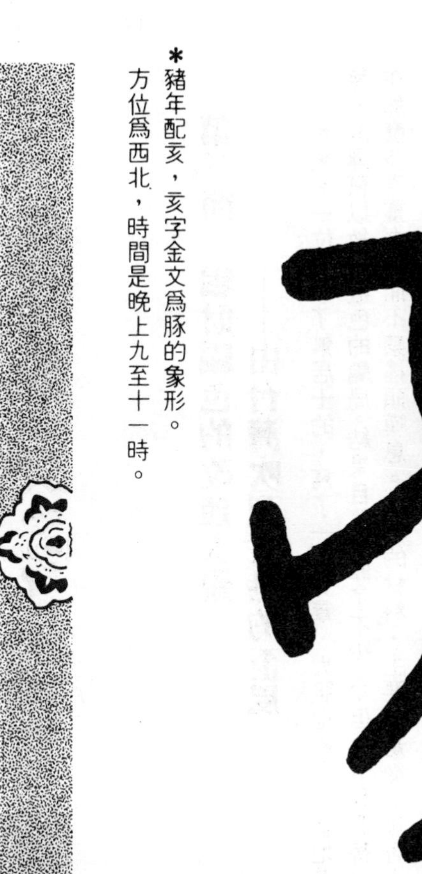

金

*豬年配亥，亥字金文爲豚的象形。
方位爲西北，時間是晚上九至十一時。

第三節　騙財騙色的改運大觀
——由台灣吹到香港的歪風

台灣有一位叫做了無居士的，寫了一些文章，大胆地揭發了當地某些無良術士替人改運藉以斂財斂色的騙局。結果自然得罪了不少人，但也令我們替台灣命相界存在那麼多害羣之馬而不禁搖頭嘆息。本文的材料，主要都是從了無居士的文章取材的。

話說有一位蘇小姐，碰見了一位專替人改運的術士。術士端詳了她一會，對她說：「你活不過明年年底，你知道嗎？」蘇小姐被嚇得面如土色，厚厚一層又一層的廉價化粧品都掩不住恐懼。術士隨即說：「不過不要緊，我可以替你向閻王買命。」買多少年命沒有說，但買命錢却高達新台幣二十萬元。經過討價還價，卒之以七萬元成交。改運的過程究竟如何，外人無從得知，但該術士在第一次改運手術過後不久，又向蘇小姐危言聳聽：「你運不好，改一次未夠，可能是六親牽累了你，想想看，家中有誰夭折了？」小姐想了好半天仍想不出來。術士改口說：「那麼你的朋友呢？」蘇小姐才恍然想起唸小學時，有位同學游泳時不幸溺斃，改運大師立刻以先知的姿態說：「就是你的同學累苦了你。她正在陰間受苦受難，乏人作伴，所以想找你去陪她。知果你要想活久一點，非要多燒些陰司錢給她不可。」這一次的買命錢開價三十萬。可憐的蘇小姐，不但日夕担憂死神的降臨，還平白損失大量金錢。一個是無知受愚，一個是意圖行騙，諸如此類的改運活劇，現在還一幕繼一幕的上演着，未知何日才會正式宣告謝幕！

另外有一個專以未婚女性爲行騙對象的相士，每逢有少女找他占算時，必定危言恐嚇，說人生成尅夫命，婚姻勢必遭到不幸，只有請他改運才可避免。他用什麼方法替尅夫的少女們改運，也是不得而知，只知到頭來每次求改運的少女總被他騙到床上去，之後還要聽他捨己爲人的解釋：「你原本是會尅夫的，但現在等於嫁過一次，以後正式結婚，就不會再尅夫了！」

以上的不過是騙人把戲的序幕而已，更精彩的還在後頭哩！台灣有一位風水大

師，不斷鼓吹「造生基」可以致富、可以治癌的偉論。他的所謂「造生基」，即是人未死、先造墳。那當然不是把生人埋進去，而是在一個據稱的吉穴裏，按風水上能添丁發財的方位，把活人的頭髮、指甲和一件穿過的衣服埋進去。根據該大師說，地穴的靈氣能夠發揮神奇無比的力量，使人百病俱除，要官得官，要財得財，要子得子，眞是前所未聞的偉大發明。

假如這種「造生基」的改運方法是眞實而可靠的話，那會是多麼令人神往的一件事，只要找那位風水先生幫個忙，造個生基，世界上就再沒有窮人，即使患上了癌症，也毋需担心會死，因爲「生基」一造，癌也醫好，聽來連筆者也雀躍萬分，因爲筆者一直嚮往做金庸小說裏的韋小寶，不學無術也可以封侯封爵，還有七個如花似玉的老婆哩，可惜花不常開、月不常圓，這個「造生基」，只是個百分之百的大騙局！

因爲要「造生基」，先決條件是要有塊吉地才可造葬，但誰去決定吉地凶地？還不是那位前無古人的大師？他說「造生基」的地方必須在台中大肚山上的先施公墓，而這塊地是該風水先生所私有的。誰想「造生基」，必先要向他買地，買不起的話，生基就免談。看來這位風水先生簡直「撈」過了界，做起地產生意來了。任何稍有腦筋的人都可以想得到，全台灣爲什麼只有他的地才可以造那胡說八道的「生基」？造了生基能醫病、能發大財，世間哪裏有這樣便宜的事？看來造生基的「買地錢」，比「買命錢」還要多上不知幾多倍也。

香港人用到圖章的機會少之又少，通常是用簽名。但在台灣就剛好相反，很多人即使銀行存摺、法律性的契約，都是用圖章蓋一個印就了事。就因爲圖章如此通行，所以居然出現了一批圖章改運專家，很多荒謬絕倫、令人不可思議的事，由此而陸續上演。

這些圖章（台灣稱爲印章）專家們，稱呼他們刻的圖章做「開運印章」。顧名思義，就是說一用開運印章蓋在紙上或者文件上，運就「開」了：好比改名專家們的偉論一樣，一用改過的名字，立即就要行運了。爲了宣傳這些「開運印章」的神奇力量，他們還在報章刊登巨幅廣告，闡述印章力量的來源。根據廣告說，「開運印章」完全根據「河圖」、「洛書」、洪範九疇、九星八卦、奇門遁甲、生辰八字等中國傳統

術數而發明的。其次，「開運印章」可以彌補一個壞名的缺陷，達到開創新運的結果。因爲印章是人心和魄的象徵，與人一心同體；一顆精心彫刻、出自名家手筆的印章，能令人事業蒸蒸日上，飛黃騰達，人生一切的悲歡離合、成功失敗、吉凶禍福，都是完全由一顆小小印章支配着的。

一顆小小的圖章，居然可以和中國傳統術數、人生吉凶禍福扯上關係，眞令人不得不對發明「開運印章」的人，佩服到五體投地。老實說，如果這些印章眞的具有如此神奇力量的話，我寧願要印章也不要印鈔紙機了。印鈔紙機只懂得印鈔紙，可不懂得醫病。而「開運印章」是萬能的、萬靈的，它的法力端的可以和神仙媲美，應該稱爲「神章」才對。

台北有位老婦人，經人介紹到一位會刻「開運印章」的相士處刻了三顆象牙印章。相士對她說，一顆蓋了會長生不老，一顆蓋了能令她的孫子順利考上大學，另一顆可以助她把房高價出售，賺一大筆。這老婦人對相士的神話奉如聖旨。每天起床的第一件事就是在空白的紙上猛蓋印章，有時弄到半夜三更還在蓋章。結果孫子考來考去還未得入大學之門，房子也是乏人問津。

以上所述的改運內幕，只不過是無數改運罪行中之一二。還有更多無良相士，充分利用人們的迷信心理，故弄玄虛，巧立名目，替失業者求職、失戀者求姻緣、患病者求愈等等，眞是不勝枚擧。到頭來求改運的人命運一點都沒有改到，反而術士們銀行存款數字却改了，加多了一個零又一個零又一個零。

第三章　風水命理界怪現象

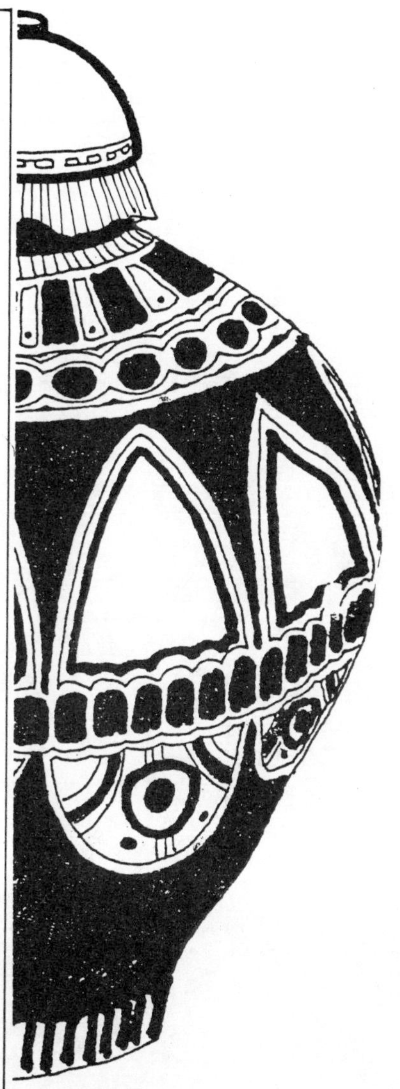

第一節　個個都是萬能老倌

香港的術數專家們，是全世界第一流的。

可不是嗎？面相、掌相、批命、風水、姓名、十八般武藝，個個樣樣精通。西洋的術數家比起我們的萬能老倌來，眞是望塵莫及。他們那些專家，看掌的只懂得看掌，看水晶球的只識得看水晶球，如何可以和我們十項全能的專家們相提並論。所以我說，香港的術數專家們，是全世界第一流的。

不知道是否自己一生出來就愛懷疑，一方面對萬能老倌們佩服得五體投地，另一方面又禁不住暗裏思疑：樣樣精通，可能嗎？自己學命理學了那麼多年，自問只不過是小學程度，不知尚要學多少年，才能中學畢業。風水也是一樣，不懂得的永遠比懂得的多，自問一世也做不成萬能老倌，爲什麼在商場租個舖位、掛個招牌，立即就做得成萬能老倌，難道他們個個天才，只有我才是蠢材？

想來答案只有一個，很多這些萬能老倌們的確是第一流的，不過，不是術數功夫第一流，而是吹牛功夫第一流。

第二節　風水萬能論

——無可救藥的風水絕症

俗語說「好醜命生成」。人之所以有命，是因爲出生時的一刹那，接受了宇宙間多種磁場的相互影響而決定其日後對不同時間、不同空間的磁場的反應;這反應就成爲人人不同的命運曲線。由於人出生的時間、地點大都不一樣，所以命運曲線亦互有差異。當然，這只不過是研究命運學的人對命理的很多種解釋中之一種而已！命運之形成，在很多方面仍然是一個謎。到今日爲止，我們依然未能盡窺天機。無論是那一門術數，子平(即俗稱四柱推命)也好，紫微斗數也好，五星也好，甚至鐵版神數也好，都絕對不能對預測命運有百分之一百的準確性，能有個六七成已經不簡單了。

影響一個人一生的際遇，除了先天的命運外，當然還有許多其他因素。風水就是這許多因素之一。

問題是，風水對人生的影響力，給一些堪輿師們誇張到了令人無法置信的地步，使本來有文化根源和科學基礎的風水，變成迷信的代名詞。很多以替人看風水為主要收入來源的，有意無意間，甚至利用不同媒介，一而再、再而三的鼓吹「風水萬能論」。「風水萬能論」這個名詞是筆者替他們改的。但他們把風水的作用誇大到荒誕離奇的程度，相信這個名詞也難以形容其萬一。

讓我在下面引述幾段文字，讀者諸君自己來做判斷。

風水法門之中，有一種叫做「些子法」。姑勿論「些子法」為何物，且看台灣一位堪輿大師在一篇叫「些子與人生關係」的文章中如何吹噓「些子法」的偉大：

些子法：以利用自然及適用自然之法，使自然界中無形地靈吸入人體內達致健康長壽，這便是以天地的精氣，為攝生的對象，以收延年益壽治病發財發貴生男及夫妻和好家庭圓滿的效果，陰墳、陽宅（包括工廠、公司辦公廳、店鋪、房屋、政府辦公廳）翻些子即必發凶生禍，合些子即必生福、

發財發貴健康長壽。

以上是「一級吹噓」，還不算，跟着的是「三級吹噓」，等於由一號風球升到三號了：

損丁破財、車禍死亡、斷手斷脚、被人殺死、自殺、水淹死、火燒死、中毒死、怪病、久醫不癒、難病開刀、開刀死亡……

都是由於宅墳翻了些子而發生，但假如經過明師修改，使合乎些子，那馬上反凶爲吉了。

當這位德高望重的大師在台灣吹噓「些子法」的同時，香港也有志同道合的風水大師，拚命隔海唱和，而且把「三級吹噓」提升到「八級」去了：

些子法是堪輿學最高深和最靈驗實用的法門……風水不同其他學問，其他

學問只會影響個人，甚至可有可無，或者用其他方法途徑也可以去解決和做到，風水則不然，它是根據星宿運行軌道及陰陽變化的數理去教我們趨吉避凶，由於天地間的一切變化，都不能逃離陰陽變化的定數，所以要趨吉避凶，要達致幸福人生除了要靠我國這門獨有的風水學問外，再沒有其他方法可以取替。

上面一段文字，刊登於某風水雜誌。我們暫且不必去理會「此子法」是否「最」高深的法門，但我實在想不出世界上有那些「其他學問」只會影響個人，甚至可有可無的；更加想不出為什麼除了風水之外，再沒有其他方法可以達致幸福人生。人類快要踏進廿一世紀了，翻開一部人類文明史，今日的世界是靠那些學問達致的，是風水嗎？

「風水萬能症」症狀最深，莫過於另一位大師了。他寫了一篇叫「台山尋龍記」的文章，記敘他受友人禮聘，回中國大陸台山勘察祖墳風水的經過。文中還發表了不少關於風水的高見，使「風水萬能論」達到高潮，去到了「十號吹噓」的境界：

大家談起當前國運，內憂外患，尚未滅除，半是天數如此，半是國內當權人物不夠客觀、不信風水造成。筆者數年前曾到北京某些重要機構勘察，確是翻了些子，犯了陰差陽錯，零神各煞，形成中國政壇風波不定，政策時而更改，統一事業遙遠無期……中共機構些子大亂，怎能夠把政策貫徹推行呢？如果政府能相信風水，利用堪輿學術，把當權者的祖墓修改使合元運，更把政府各重要機關部門的地方間格修正，再下令眞材實料者負責培養大量堪輿人材，分派他們至全國各省各地整理百姓的風水，茍能如此，四個現代化必能順利及踏實地提早完成！

老天，上述文字的作者，居然可以說出上面一番話，面不紅，耳不熱。眞個令人看罷欲語無言，啼笑皆非！照他的說法來推測，風水先生們都不是人，都是萬能的神仙了，否則如何可以單憑風水的力量，就能令中國順利完成四個現代化！將風水作用無止境地過分誇大，不僅不是風水之福，簡直是風水的罪人。他們和宣傳改名可以轉運的大師們，同樣犯了三個絕症——「不負責任症」、「賺錢第一症」和「頭腦簡單症」。他們否定了人類理性和智慧、否定了一切客觀的努力和現實，只求努力吹噓、努力賺錢，對於他們埋沒良心的做法，我們唾棄之！

第三節　好一場武林盟主爭奪戰

有時細讀不同派別的風水理論書籍，發現派別之間，經常互相攻訐，抬高自己，貶低他人，令讀者彷似置身於武俠小說世界之中，不但有正邪黑白兩道之分，甚至所謂明門正派之中，亦不乏明爭暗鬥、脣槍舌劍，好不熱鬧。各派都以風水正統自居，爭奪武林盟主的寶座。這種情形，尤以台灣爲甚。

筆者有一位朋友，對風水興趣特別濃厚，先後曾聘請多位堪輿名師替他看家宅風水，其中有「飛星派」的、「八宅」派的以至無以名之的混合派的，結果各派各言其是，某派所說的吉方，在另一派看來變成了凶方，致令那位朋友無所適從，不知如何是好。客廳中的魚缸搬來搬去，睡房的床位也移動了起碼三次，弄得啼笑皆非。

其實，風水派別衆多，並非始於今日，根據非正式的估計，我國在唐朝時已有超過一百二十家，到了明末更增至一百三十多家。最爲人所熟知的就是「三元」和「三合」兩家。不但理論不同，甚至使用的羅盤也不一樣。舉個例說，「三合」家所用

的羅盤有三個北方方位（王子癸）、「三元」羅盤只有一個。台灣有位頗負盛名的堪輿師，寫了一本《堪輿實證》，在自序就開宗明義地把「三合」斥爲僞術了：

回憶童稚時先祖叫我讀三元三合九星等諸堪輿書籍，且要我辨明那書之眞僞，當時不甚了解，莫辨是非，只知背誦文句，貪多務博、生吞活剝讀下去，甚至懷疑堪輿是神秘的東西，是楊公欺人欺世之學，先祖的話也是欺騙我的。後來年事稍長，再加研讀，亦只能在文句上作工夫，至於是三合是眞呢？還是三元是眞呢？仍是茫然莫辨，其後復得先祖講解和指點，常常領我到各處各墓實驗求證才恍然有所領悟，才知道堪輿不是神秘，三合九星確係僞造……

三元風水一本頗具權威性的著作——《孔氏玄空寶鑑》亦花了很多篇幅去指責三合，甚至說因爲三元的理論不輕易傳人，所以學「三合」的風水師，由於不得其門而入，故掉過頭來詆毀「三元」：

> 玄空之學，可以挽回造化，必擇人而援，必擇人而用，則術者不得其門而入，不得不挾三合以求食，遂以詆毀玄空爲能事，俗人無知，助之誹謗，而玄空家懷不世之秘訣，方晦跡韜光，以避世俗糾纏，無心與之分辨，亦不屑與之分辨。

對於「三元」的批評，「三合」家又如何反駁呢？「三合」家主要針對「三元」羅盤和「三元」家對「三元九運」的解釋提出反擊。

「三元」家所使用的羅盤，是明末清初蔣大鴻所作的，蔣氏所著的《地理辨正疏》一書，亦是「三元」家所公認的堪輿經典。「三合」家認爲，羅盤上所載先天六十四卦的排列方式，是有一定的順序，絕對不能混亂，但「三元」羅盤卻把秩序和排法弄錯，應左變右，應右變左；該順變逆，該逆變順，如此一來，「豈不是白天翻爲夜裡，夜裡翻爲白天，地球月球也可以脫離軌道而運行，江水也可以倒流了」。堪輿家主要靠使用羅盤來造葬相宅，假如羅盤的設計都錯了，等如盲公缺少了根盲公竹，如

「三合」家這一招，委實厲害，差點弄到「三元」派系連招架之力也沒有。還有，「三元」家計算宅運的衰旺，主要是根據「洛書」九數所演繹出來的九運。他們認爲天地間每隔一百八十年就來一次大循環，而在這個大循環之中，一共有九個時間單位，叫做運，因爲「洛書」有九個數，所以共有九運，每二十年爲一運，以配合九運一百八十年之總數。

這種所謂九運，就相當於一間商業機構裡頭的董事局，董事成員共有九人，輪流担任董事局主席，比如說，由一九八四年開始，就進入七運，那麼「七」這個數字就當上了主席，坐鎮中央，其他八個數字則按規定方式，分坐八方。不同的數字配合不同的方位、五行，如此一來，堪輿家就可以計算宅運衰旺和吉凶了。到了二〇〇四年，「七」任期屆滿，到時就要卸任，輪到「八」入中做主席了。

對於上述「三元」九運的理論，「三合」家又有話說了。「三元」家認爲九數輪流入中，即是「天根月窟」，但「三合」家則認爲「天根月窟」是指乾坤二卦爻交變，而不是一運一入中至九運九入中的數字。那麼，究竟孰是孰非呢？相信再等一百年也搞不清楚。

有關九運的分法，不但「三元」和「三合」持有不同見解，連「三元」本身也有內訌的情形出現。主要的分歧在五運。

孔昭蘇和沈竹礽爲主的一派，以一九四四年至一九六三年爲五運，凡在這段時間內造葬之墳墓和蓋建的房屋，皆根據五黃入中來計算吉凶。但是已故堪輿學家吳師青對五運則持有不同的看法，他認爲五黃運是不存在的。他的《樓宇寶鑑》第二章「鑰法」就有下面的解釋：

論陽宅全憑元運，得運者興，失運者替（按即衰落的意思）。蓋三元在一百八十年中，自坎至離（坎爲北，屬一運；離爲南，屬九運），得令失令，各有時候，千古不易者也。元運當以中立爲土，土有寄旺四時之別。是故中五所佔廿年，以前十年寄於四綠，後十年寄於六白，方合八卦陰陽之理。

香港使用「九宮飛星」風水方式替人相宅者大有人在。「飛星派」是以孔昭蘇和沈竹祁的學理爲根據的，凡一九六四年倒數二十年內落成的樓宇，都屬於在五運內建造，叫做五運樓。但假如吳師青所謂「九運無五運」一說成立的話，那豈不是說「飛星派」的相宅方式，一開始就錯了！

第四章　風水命理雜錦拼盤

第一節　看風水究竟看些甚麼？

我是做廣告的，經常都需要到客戶的寫字樓開會。也經常被秘書小姐們拉著問長問短，個個都想知她們的位置是不是風水位，抑或是三煞位。

大抵在一般人心目中，風水先生，只需憑一雙肉眼，左望望，右望望，就可以判斷吉凶了。殊不知看風水一定要依靠羅盤，沒有羅盤，也就英雄無用武之地。

舉個例說，窗外望到煙囪三枝，狀似三枝蠟燭，看來煞氣迫人，照表面看來應該是不利風水的，但假如煙囪「出了卦」，不在宅卦「卦位」之內，那麼，該三枝煙囪大煞風景有之，煞氣就未必。要知煙囪出卦入卦，就非要羅盤測度不可。所以說，看風水單靠肉眼是看不出什麼的。

換句話說，看風水不但要看，還要測量。看的是形勢和格局，量的是理氣和卦位。兩者要配合參詳，缺一不可。

聽說有一家規模極大的公司，重金禮聘本港聲譽極高的堪輿師看新寫字樓風

水。據聞該堪輿大師不但沒有拿羅盤去量，甚至連看也懶得去看，只憑交來的一份圖則和約莫估計的東南西北，居然安坐家中，替人判斷吉凶。這種看風水的方法，是否後無來者尚未可知，但前無古人大概可以肯定的了。

不少知名度頗高的風水師，不但態度絕不嚴謹，有時更信口開河，什麼天方夜譚的故事也說得出來。有一位經常宣傳改名的掌相專家，某次接到一單風水生意，他知道主人家曾經在生意上損了手脚，於是一入門立即大發偉論，指出生意失敗是由於地毯顏色所致。原因是主人生肖屬羊，地毯深藍色，有如一片汪洋大海，小小羊兒不淹死已是不幸中之大幸了，所以想反凶爲吉，只有速速將藍色地毯除去，換上綠色地毯，綠色爲草，羊以草爲糧，所以自然生旺。

主人家事後有沒有從善如流，立即轉換地毯呢？這個筆者不得而知，但這種荒謬的看風水方法，簡直是一個大笑話，試問假如藍色的地毯眞是汪洋大海，那麼不但淹死羊，相信除了生肖屬龍的人可得僥倖之外，其他生肖的人都會通通淹死了，全世界亦只有屬龍的人才可以用藍地毯了！這樣的推理，通嗎？

某百貨公司曾經刊登過一則廣告，標題就叫做「風水先生」。原文是這樣的：

「我們曾經不止一次的請風水先生端詳我們新店的風水。風水先生看了，作出如下的結論：

『「九龍山脈」舞於上，「東區走廊」臥於下。前者象天龍，後者象地龍。這是徹頭徹尾的「雙龍出海格」。

「你們的店形，長達四百呎，背形微拱，天造地設的有八十一道捲閘（八十一間大小沿街舖面）。八十一乃符九九之數，白光閃爍，恰似龍鱗，這不是一條如飛的銀龍嗎？

「這塊地方，龍氣凝聚，龍勢旺盛。地盤排列，若按陰陽五行，房屋興建，能符天際星象，未來昌隆安樂，自屬未可限量。

「風水先生在開幕那一天來道賀，看到人頭攢動的盛況，大聲地呼喊：『人龍！人龍！』他又連聲說道：『四龍已齊，獨缺金龍！四龍已齊，獨缺金龍！』」

上面只是一段廣告文字，所記叙的是否事實，裡頭的那位風水先生又是否子虛烏有的人物，我們全然不知。但是，將人也當作風水上的「龍」，眞是開拓了堪輿學

千百年來未曾有過的新境界，令人嘆爲觀止。

姑且把廣告文學算在撰稿人的帳上罷，可能該創作者一時靈感，自行創造風水理論，但也反映到一般人對風水的認知是如何淺薄，風水是看些什麼的，沒幾個人能答得出來。

以前有所謂「陽宅六事」的說法，即是看住宅風水時的六個重點。包括了門、灶、路、井、廁、碓磨。這六件事，主要都是明朝和清朝兩代所流行的勘察事項。這六件事，大抵上將人一天的起居作息種種活動範圍都概括在內了。門是出入必經之路。灶是煮食的地方，一日三餐無灶不成。井是打水用的。廁是方便用的。碓磨是舂米磨粉造糕造餅用的。由一房到另一房，都要經過路。不過，時至今日，我們替人相宅，已經不再拘泥於這六事了，比如說，現代家庭幾乎再沒有人在家裡舂米或磨粉的了。除了新界的鄉村人家，高樓大廈又何來有井？全部都是自來水。即使灶也和古代的不一樣。古時的灶是磚泥所砌成的，一人在後面灶口納柴燒火，另一人在灶前作炊煮食。但今日用的不是煤氣爐就是石油氣爐，那裡還有灶？至於路，我們住的大都是高層大廈，開門就是冷巷或者是電梯口，那裡有路可言。所以現在所說的路，一般都是指室內的通道而言。比如說，由客飯廳穿過走廊進入睡房，那麼，經過的短短走廊就是路了。

「陽宅六事」中所指的門，是指住宅大門以及所有房門，而眞正的重點是大門。不過，古代和現代的住宅，在結構和造型上也有顯著的分別。古時住宅平均面積寬闊，而且多數是平房，甚少有兩層以上的樓宇。更重要的是，一所住宇住的都是同一家人，所以古時可以以大門來推斷整宅的吉凶。但現時的大廈，起碼十多二十層，每層又分兩個至八個單位不等，大廈門口只有一個，如果再以太廈大門來推斷住戶吉凶，豈非所有住戶，均是同吉同凶，那有這樣的道理？所以今日我們看陽宅風水的「門」，主要是看某一特定單位的大門，而不是整座大廈的大門了。

除了「陽宅六事」，古時還有一本叫《陽宅三要》的書，第一頁就開宗明義清楚說明了看家宅風水的重點，就是門、主、灶三個地方。門和灶，上面介紹過了，主是指主人所居的房間。

不過無論「六事」也好，「三要」也好，似乎都沒有強調客廳和床位的重要性。個人以爲這兩個地方對風水的影響力，實在不亞於門和灶。試想想，一日二十四小時，起碼有四分之一至三分之一是花在床上的，而且人在睡覺的時候，大抵上都是固定於某一方向和位置，輾轉反側也不會是大幅度的改變。在長時間承受室內磁場影響的結果，當然會引起人體精神和生理反應，所以床位的佈置，是相當重要的。客廳是大部分人工餘課餘休息的地方，我們叫客廳爲「宅肺」，或者「明堂」；沒有肺，就不能呼吸，可知客廳也是很不可忽視的風水重點之一。

總括一句來說，看風水是要看住宅內外的環境。住宅之外有山看山，無山看水，無水看馬路，所謂「龍、砂、水、穴」也不外是這些東西。住宅之內要看大門、房門、客廳、廚房灶位、床位。看不但要用肉眼去看格局、氣勢，還要配合羅盤去測度理氣上的吉凶。當然，宅命和人命的配合更加是不可以疏忽的一個重要步驟。

第二節　兩道化煞解災的風水例牌菜——養黑魚、掛風鈴

本港有些職業性的風水先生，最喜歡叫人養黑魚和掛風鈴，於是乎黑魚和風鈴，就變成化煞解災的「例牌菜」。由於大衆傳播媒介的宣傳和渲染，這兩道例牌菜式，愈來愈爲人所熟悉，差不多成了風水不佳的特效藥。但是，這兩味特效藥，是不是眞的可以醫治風水病呢？

筆者以爲未必。

風水的派別很多、很奇怪，除了飛星派之外，幾乎沒有人使用風鈴。養魚很普遍，但並不是黑色的黑摩利。甚至連飛星派本身的兩本「秘笈」——《沈氏玄空學》和《孔氏玄空寶鑑》，由第一頁到最尾一頁，也絕無隻字提及黑魚或者風鈴。

那麼，我們禁不住要問，這兩味特效藥，是誰人發明的呢？它們化煞解災的力

量，又是根據什麼而來呢？

民國十七年(即公元一九二八年)，上海出版了兩套書。其中一套叫做《二宅實驗》，另外一套得著名漫畫家豐子愷題名「東方之科學」，書名叫《宅運新案》。《宅運新案》上下卷在本港有影印本，流傳頗爲廣泛。該書的內容，除了上卷部分是理論之外，主要是實例闡述，整套書可以說是個案研究。個案研究是現代學術非常盛行的一種方法，美國哈佛大學商學院很多學系，特別是廣告學和市場學，都採用個案研究方式，使理論和實踐合而爲一，所以《宅運新案》是一本實用價值十分高的書。問題是，這套書的基本理論是飛星派的，和沈氏玄空本來同屬一家，但却有點「離經叛道」，率先提倡「制煞不如化煞」的方法，就是使用黑魚和風鈴。該書上卷第三十一頁是這樣寫的：

> 凶惡之氣，能遷避另選吉祥之所，固爲上策，萬一格於情勢，絀於力量，不易照行，亦不能困守以待斃。當於無可設法之中，爲作方便，以求解救。則制化之道尚已。制者覇道，難令悅服，化爲善法，無復反抗，故同一研

究之法，制不如化。例如七赤金爲少陰，於卦爲兑，於星爲破軍，於人類爲妾侍，於人事爲口舌官非，於上中二元爲死氣，於上元末運，中元首運，三碧四綠木星主運時，爲最凶險之殺氣，易招損丁破財之危，宜令靜止，勿令占住活動處所，授予權威；年月七赤臨方到向，每每發生不幸之事，倘用火星制之，往往反受其害，不如以少陽之艮八馭之，庶幾陰陽相見，無形中自受約束。或以一白水洩金，化尅爲生，化凶殘爲慈柔，每收奇效，當就一白八白所在之地，或一六作合之方，設法動作之。或養黑魚於彼金星所在之方。

現時流行的養黑魚，相信是根據上述文字最尾一句而來的。爲什麼養黑魚可以化解七赤金星的凶氣呢？這和五行相生相尅的道理很有關係，五行是金生水，換句話說，水令金洩了氣，所以在七赤凶星所在的方位養魚，求的就是以水洩金氣的效用。

或者有人會問，既然水可以化解金的凶氣，那何不乾脆在凶氣所在之處放一盤

水就算，爲什麼又要養魚呢？要知道水氣要動才有用，不動的水就是一池死水，無從發揮洩金之力。動水氣最理想莫如用魚去動了。而且在五行而言，亦有各自不同的顏色象徵，象徵水的色彩有兩種，第一是白色，其次是黑色。這就是爲什麼飛星派叫人養魚一定要養黑色魚的主要理由。

通常飛星派叫人養黑魚，多會指定數目的。不是一條就是六條。一和六這兩個數目的取用，出於《青囊經》：

天尊地卑，陽奇陰偶，一六共宗，二七同道，三八爲朋，四九爲友，五十同途。

一和六，先天五行屬性是水，所謂天一生水，而地六成之就是。一生一成因而得到陰陽交媾之妙。所以無論養一條黑魚或六條黑魚，都不外是取其象徵和寓意。

風鈴的作用，和黑魚一樣，同樣是根據五行相生之理，以求獲得化煞解凶的效果。特別是用來化解五黃、二黑兩超級凶星的煞氣，飛星派的獨門法寶就是風鈴。舉個例說，甲子年(一九八四)，五黃凶星在東；凶星宜靜不宜動，假如府上大門剛巧落在東的方位，那麼飛星派的風水先生例牌叫你在門口掛上風鈴。如果府上的東方是窗，外面無巧不成書又是地盤的話，那更加不得了，因爲五黃屬土，地盤動工即是動土，凶氣更加一發不可收拾，非要在窗的適當位置多掛幾個風鈴不可。到了一九八五年，五黃就飛到東南，那時就要在東南位上掛風鈴了。

正宗的風鈴應該是銅做的，一共應有五層，而且必須全塗金色。現時市面有些風鈴每一層都塗上不同的顏色，悅目固然悅目，但却不符五行眞義。因爲二黑五黃兩顆凶星通屬土的五行，所以要用金色風鈴，這當然由於金可以洩土氣的緣故。

無論是黑魚也好，風鈴也好，純粹是飛星派的發明，在中國傳統堪輿學著作中，並無記載。況且他們的功用顯然是偏重於象徵，進而附和於五行相生相尅的道理，用現代觀點來看，不免有些牽强，因爲凡屬象徵性的東西，只能起心理作用。養了黑魚，掛上風鈴，心理上覺得舒服些，這就是心理作用，但絕對不能產生物理

或化學作用。一個人住在一間屋內，受的是屋內磁場的影響，屋本身當然亦受附近地形及環境的影響，養黑魚掛風鈴，對磁場根本起不了任何作用。所以這兩味特效藥，是否眞有化煞解凶的作用，讀者自應心裡有數了。

第三節　風水樹招財又招陰，是假是眞？

香港跑馬地的風水，由於山水環繞有情，而且馬場又成一聚財的格局，所以住在該區的，不少是上流社會中有頭有臉的人物。特別是蟠龍道、藍塘道一帶，是名副其實的風水旺地，住在那裡的包括大慈善家鄧肇堅爵士、市政局主席張有興、金融證券鉅子湛兆霖等，無一不是舉足輕重的人物。不過現在要談的不是跑馬地區的風水，而是和風水有關的風水樹。據稱湛先生府上屋後就植有一顆風水樹，不但招財，兼且聚財。由於筆者未有機會見到該樹，不知是種在宅內那一方位，所以不敢肯定該樹是不是眞正風水樹。

另外在銅鑼灣天后廟道口附近之金龍台，也有一顆樹被人稱爲風水樹。理由是該樹並不是種在馬路左右兩旁，而是在路的中間；該路由於附近地勢的關係，由上直衝而下，頗有一瀉千里之勢，在風水言風水，是散財容易聚財難，而該樹剛好於適當位置，止遏傾瀉之路氣，使財源散而復聚，是故人稱「風水樹」。其實，風水樹

並不是樹木的一種，任何樹都可以是風水樹，通常我們叫旺財旺宅的樹木做風水樹，純粹因爲某些樹木生在陽宅的適當方位，能夠爲該宅帶來生旺之氣的緣故。

究竟樹應該在屋的什麼方位才可以稱得上「風水樹」呢？根據筆者所涉獵到的堪輿典籍，專題討論樹木的風水作用者，根本沒有，大多散見於不同著作，說得比較籠統的有陳念劬的《陽宅三十則》：

陽宅旺方有樹木遮蔽，主不吉，竹遮則無礙，然亦須疎朗，因竹通氣故也。衰死方有樹木反宜。

按陳氏的說法是，屋的旺方不可以有樹，有樹就會招凶，反而在屋的衰方有樹可以獲得風水的最佳效果。問題是，《陽宅三十則》沒有解釋哪一方是旺方、哪一方是衰方。我們只可以推測，《陽宅三十則》附錄於《沈氏玄空學》一書之後，應該是飛星派的理論，飛星派全憑三元九運來推斷衰旺，以現時下之七運計算，元運之旺方在西、衰方在東，即是說在屋的西邊種有樹木主不吉，在東見樹反而主吉。不過，這種計算衰方旺方，只是限於以元運作基礎，如果連屋的坐向也計算在內，那衰方旺方可能完全不同；比如說一九八四年落成的樓宇，坐北向南，當旺之星會集於南方，等於說南方就是旺方，不宜種樹，坐東向西的樓宇，(甲庚向)東方反而變成旺方，不宜種樹，西方爲衰方，偏宜種樹；這樣一來，飛星派本身理論上已經自相矛盾，令人不知何所適從了。

如果我們參看《陽宅十書》中的「陽宅外形吉凶圖說」，提到樹的吉凶地方，一共有十八處，由於篇幅有限，不能一一列舉，暫且引述其中一部分以供讀者參考。該圖說將樹根據其不同形狀，分別給予不同的名稱，包括「兩等樹」、「離鄉之樹」、「鬼怪之樹」、「縊頸之樹」、「腫頭之樹」等等。如果屋前有空心樹，對家宅有什麼影響呢？該圖說所附的詩句是這樣寫的：「空心大樹在門前，婦人癆病叫皇天，萬般吃藥皆無效，除了之時是斷根。」如此看來，空心樹可以說是「招病樹」了；門前如有丫字形狀的椏叉樹，主該宅官司不斷，詩云：「獨樹兩枝衝上天，牽連官事惹憂煎，斷他年月無移改，坐向官主細推言。」《陽宅十書》中所涉及到的樹，沒有一種是好的，可以說全部都是凶樹，端的看得令人觸目驚心，頗有凡樹皆凶的心理威

脅，只不過《陽宅十書》中並沒有片言隻字解釋其所以爲凶的理由，筆者認爲穿鑿附會的成分居多，並不足以置信。

台灣有位叫林宜學的，出版了一本《住家風水二百項》的小書，其中也有幾項提到樹和風水的關係。據該書所言，正門絕不可有大樹，因爲大樹在門前，不但阻礙生旺的陽氣進入屋內，同時令屋內的陰氣也不易消散；從實際生活來說，不但家人出入不便，萬一下雨打雷也有招雷殛的危險，這種解釋是頗爲合理的。據筆者所知，本港某議員在九龍塘森麻實道的住宅，本來院內門前也是種有一株大樹的，但後來改建和裝修時却連根拔除，這是否和風水有關，不得而知，但假如閣下門前也有樹，特別是枯樹，奉勸速速拔除，因爲枯樹有導引貧賤的力量，對屋內上了年紀的人，更有招病短壽的不良影響。

門前植有大樹，固然有壞風水，但小樹呢？據林君所言，樹雖不大，但仍然有不良影響。特別是遇上宅向和樹的方位配搭不當，如樹剛巧在宅之五黃正關煞位，會影響宅主染有肺病或吐血的症狀。此外，如果樹心腐爛中空，主宅中人內臟有事；如樹枝枯爛，主宅中人手脚有事；門前大樹如果樹脚露出根，那麼不論方位吉凶，都會招致家人罹病，或者宅母守寡等不幸事件。

林君又說，屋的西或西南方亦不宜有大樹，否則遲早會有小孩爬樹由高處跌下致死的危險。筆者覺得這和風水似乎無大密切關係，其實如果屋的附近有大樹，不論在東南西北任何方位，而屋內又有好動的小孩的話，這種危險成分是任何時間都存在的。筆者本身幼時亦曾因爬樹從高處跌下弄斷左臂，但該樹却並非在西或西南方。

我們讀台灣沙門梁湘潤的《現代陽宅研究》，內裡也有提到樹的禁忌。書中第一百四十七頁說住宅圍牆之內，最忌種桑樹，因爲「桑」和「喪」同音，意頭不佳；特別是種在圍牆四個角落，主有禍起不測之災。

談到風水樹，有兩株樹是不能不提的，就是原屬美梨道兵房、現改爲差餉物業估價署門前的兩株大樹。該署曾因鬧鬼而著名，卒之由當時的署長聘請高僧作法誦經灑聖水，才告一段落，據某些風水先生說，主要因爲門前的兩株樹既招財、又招陰的關係。筆者以爲，估價署是政府生財機構，即使門前無樹，一樣會照樣招財。至於招陰，則涉及鬼神之說，留待以後再談，暫時不擬在此節外生枝。總括而言，

有關風水樹的問題，由於沒有正統的堪輿理論作立論基礎，所以在風水學的研究上，一向不受重視，有的只是個人杜撰，穿鑿附會，過分神化，實在不值得我們太過認眞。

第四節　由陰宅風水談到風水神話

我從來未有好好地用心研究過陰宅風水。一來怕見墳墓，二來我沒法子從陰宅風水的理論中找得有力的根據，證明陰宅風水足以影響生人。當然這並不是說勞大剛全盤否定陰宅風水，對於這門子學問，我是存疑多於肯定。

很多陽宅風水的理論都是由陰宅風水脫胎和演變出來的。以玄空挨星爲基礎的飛星派甚至說陽宅風水和陰宅風水看法一樣。

爲什麼我對陰宅有存疑呢？讓我們先來看看陰宅的理論根據：

……故凡結眞龍的穴，內必有俱（按：「具」之誤。）生機之太極，無論陰宅陽居，凡於其上者，將受電磁感應，生生不息，倘以陰基祖塋爲例，其骨骸成分與其子孫之血統爲一系，電荷頻率相同，故子孫受其感應。

以上是《沈氏玄空學》編教者李蜀渝的解釋。

香港知名度極高的蔡伯勵先生也曾向一位雜誌的專訪記者談及祖墳對子孫的影響：

「上下代之間會產生感應作用，而這種感應作用對子孫的命運有很大的影響。」

李氏和蔡氏兩位都提到「感應」這一回事，同時亦肯定這種「感應」能影響到後世子孫的命運。不過，站在科學的角度來研究陰宅，有幾個問題我們是必須要問的：

第一、上下代之間的感應是透過什麼產生出來的？

第二、感應究竟憑什麼可以有力量支配後世子孫的命運？

第三、感應的影響力究竟大到什麼程度？

讓我們先來看看第一個問題吧！躺在墳裡頭的明顯就是骨骸，假如有感應的話，這便是骨骸和生人之間的溝通了。

骨骸雖然是死物，但也有它的磁場。陽宅風水之所以對生人有影響，主要也是由於有磁場的存在。骨骸既然有磁場，照理說，骨骸和生人之間的感應，只有透過磁場才可以產生。這種說法，也即是李蜀渝的說法，是不是可以成立呢？

我曾經就這個問題，走訪本港一位遺傳學專家趙醫生。訪問結果使人對所謂「骨骸磁場感應」的說法實在難以全盤接受。

首先，骨骸的磁場，影響力究竟有多遠，影響範圍有多闊，在科學的研究上仍是一個未知之數，我們很難叫自己相信，祖墓裡的先人骨骸，其磁場可以影響到生活在幾千里以外的子輩孫輩。

其次，像李蜀渝所說的，祖先骨骸的成分和子孫的血統爲一系，所以電荷頻率相同，因而產生感應。涉及血統，就是遺傳學所講究的東西了。遺傳學告訴我們，骨骸是否含有遺傳因素，固然未知；就算有，遺傳因子的排列和組合是否盡同，亦屬不知。那麼多的「不知」，如何能夠肯定同一血統就會有相同的電荷頻率，還可以互相感應呢？

假如有人要把磁場學和遺傳學一脚踢走，而依然堅持死人的骨骸和生人有感應的話，那麼，陰宅風水也只可以變成「玄學風水」，而不是「科學風水」了。

肯定風水的價值一定要從科學的角度去研究和批判風水，我個人絕對不贊成從

「玄學」、甚至「靈魂學」的角度去看風水。只有根據已知的去研究未知的，才容易摸索到風水的眞象。硬要去從未知的來肯定未知的，那是糊塗人算糊塗帳，永遠算不清，愛風水的結果是害了風水。

現在再來討論一下第二個問題，感應究竟憑什麼可以有力量支配後世子孫的命運。深信這個問題沒有人可以提出令人滿意的解答。一來「感應」兩個字，已夠虛無飄渺，再者「命運」兩字，更是天空海闊，空泛得很。千百年來的堪輿師，一直反覆地說着同一個故事、反覆地强調陰宅的力量。但他們只是「說其然而不解釋其所以然」，而科學發展到今時今日，又未有足夠的條件或證明去否定和肯定這些「力量」，看來，存疑歸於存疑，「先人得葬好地，可以造福子孫」的思想，相信還是會一代又一代的傳衍下去。

第三個問題似乎更加難以作答。只有肯定了骨骸與子孫有「感應」的存在，又再肯定了這種「感應」擁有具體力量，才能考究力量的大小。沒有了前面兩重肯定，第三個問題變得毫無意義。但是，很不幸地，很多銷量頗高、流傳甚廣的書籍雜誌，始終努力不懈地編造陰宅風水的神話，將風水與科學研究的距離扯得愈來愈遠。

市面上有一套書，搜羅了很多個有關陰宅風水的故事。書名叫《風水傳奇》，內容實在傳奇得跡近神話，荒誕不經。下面姑且將幾個有關歷史人物的風水故事，隻字不改地予以抄錄，讓讀者一新耳目。

（一）

明太祖朱元璋，原籍蘇州。其曾祖祖父父親三代世居蘇州，業農爲活，家裡非常貧窮，後因饑荒遷至鳳陽，自是人皆以元璋爲鳳陽人也。

元璋之祖父，慣水性，經常潛入深潭捕魚，浮沈自如，技術超人，故人呼之曰「下得海」。某次下至潭底捕魚出來，正遇劉仙師覓龍至潭畔（按：「覓龍」即是所謂尋龍探穴），見眞龍結在潭底，因不諳水性，無法下潭獵龍，坐在潭畔，正在凝思，突見一人從潭中泛起，急呼之登岸，詢以姓名，下得海則以綽號告，劉仙師聞之，欣喜萬狀，即與下得海商量，約定某日各携骸至此，共遷深潭龍穴。

既至吉日，二人携骸至潭畔，劉仙師告以潭底某處爲「西犀牛下海」形，某時某刻會開口，囑其携骸下去，待其開口時，將骸投入牛口內，牛口必合攏。下得海因所携祖骸沒有包好，臨時見田中有青菜，乃取菜葉包之，携之下潭，果見潭底一巨石，西東方向，儼然石牛。張口吐脣，下得海便把劉仙師及自己的一包骸骨放進牛口。牛固喜吃青草蔬菜，瞥目菜包，即搶食之，於是下得海之祖骸即被石牛吞入肚內。石牛食到包後，口脣合攏，下得海無法把劉仙師之祖骸投入牛口。遂上岸實告劉仙師，劉仙師知道此情，但無可奈何，乃托其將骸分成二包，分掛石牛角上，下得海再入潭底，將骸骨分掛牛角上，返報劉仙師，劉仙師即祝曰：「左角爲臣相，右角爲臣相，牛口出和尚。」

下得海聽至「牛口出和尚」的祝語，即憤慨責劉仙師。劉仙師聞言，不得已即改呼曰：「左角左臣相，右角右臣相，朱家天子劉家相，改朝換國不換相。」下得海聽到「朱家天子」乃息怒，打恭謝恩而回。

當朱元璋未滿十歲時，蘇州遭饑荒，父母留米十斗於家，即與村人流浪他鄉，終身未見歸來。元璋把米食完，便忍饑受餓，開始流淚，孤苦伶仃，悲慘得很，不得已，削髮出家，入寺拜師，與清磬木魚爲伍，唸經禮佛，過着和尚生活。後來感着做和尚太消極，沒有出息，便又下山，去濠州當兵。不久，因連年饑荒及元政腐敗之故，天下大亂，郭子興、陳友諒、張士誠等人均先後起義各霸一方，割據稱雄，互相慘殺，元政府無法平息寇亂，危如累卵，亡在旦夕，朱元璋趁機與劉伯溫、徐達、常遇春等英雄計議攻打天下。便暗中結黨，招兵買馬，準備待機行動。由劉伯溫定策，利用月餅傳遞消息，約定八月十五日揭竿起義，因漢人不甘元人奴役，四方響應，把元兵殺得片甲不留，趕出關外，恢復漢室。其後連續平定陳友諒張士誠等，即被正式擁立爲帝，國號曰明，經二十二帝，歷三百餘年，龍氣之旺，富貴之盛，可想而知矣。由此觀之，風水之事，實非迷信，地靈人傑，誰能不信？

（二）

宋朝時代，當局極重風水，凡考中狀元、探花、榜眼者，皇帝必派國師勘查他

們家中風水，如他家裡陰陽二宅有大富大貴龍，則予批准，否則雖文采拔萃、武藝超羣，亦必削除。

廣朱定縣，有一黃添成者，殿試得中狀元，皇帝命國師赴其家勘查風水，遍查陰陽二宅，均無蔭生大貴風水。原來其母張氏夫人，於某次赴親戚家，在高山途中遇一挑商，邂逅所受之孕，惟羞於啓口，不便對丈夫和兒子說出，然不說出，則兒子功名無望，逼不得已，乃含羞對丈夫光增、兒子添成曰：「某年我背着長女去娘家，在途中遺失圍裙，適被挑商拾獲，掛在扁担上隨着挑來，待我發覺圍裙不見，往後尋找時，見是我所遺者，便求他還我，他即滿口答應，惟要求我的肉體作酬，余以天寒風大，顧慮女兒受寒，不得不答應其求，乃至路旁停風處，供其歡娛一番。豈知行樂完畢，挑商頓時斃命，余仍將圍裙蔽其體，擬探親回來，僱工埋之。待我返時往觀，竟被螞蟻衍土覆成土墓一座，回家以後，便月經停止，覺得肚中有異，果然肚皮日益膨大，恰巧十月，臨盆生下添成，我想今日添成之有榮貴，莫非此墓之蔭。」

光增聞言，雖以綠帽難戴、怒不可遏，然爲兒子功名計，只有和顏悅色和妻子計議一番，佯稱某處尙有祖墳一穴，請國師去看，國師一看，果然氣度軒昂，壓倒百僚，四維獻瑞，鍾靈毓秀之基，且是蔭主大聖大賢、忠臣孝子、文武將相、內閣名臣之格，於是將山水繪製成圖，攜回京師呈報皇帝。

（三）

臨川地方，有張翁生者，人皆呼之爲西瓜大王，蓋因其所栽西瓜特別巨大故稱。西瓜大王一生以種西瓜爲業以瓜致富者也。

翁生小固貧，十七喪父，只老母在堂，未婚娶，母體弱多病，不能任中饋事，一日三餐均須翁生親自下廚，故翁生除赴田中操作外，又須兼任家事焉。當其十七歲那年，父親死去，悲痛萬狀，翁生爲盡人子之責，延師卜吉，安葬西瓜山中，其地爲西瓜形，四面皆圖，不開頭面，人多棄之，謂無結地（即無眞龍結穴），翁生以父死須急葬，急不暇擇，取而用之，於面向山水秀麗藏聚處，掘而葬之，當其揮鋤挖土深及三尺，土色紅潤，狀似西瓜玉，土中間夾，黑色石子，如西瓜子焉，葬時翁生聚穴處泥土嚥之，其味甘美，奇而喜之，正自慶幸，惟鄰人皆笑他爲傻瓜耳。

翁生承繼瓜田數畝，喪事甫畢，即行犂土種瓜，因父存時，從未學習種瓜，現在父死，雖是門外漢，也只有親自動手，把瓜種好。初以爲定必收穫甚微，豈知數月過後，瓜苗發育順利，翁生薄施肥料，把土翻鬆，不數月即開花結實，不僅生自己見之欣喜，連老瓜農也很驚奇，至成熟期間，翁生之瓜竟巨大逾常，且其中有二瓜重達百斤，人呼之爲西瓜王，咸謂種得瓜王者，必運道亨通，發富發貴，遠近聞之，皆往參觀，並出高價，訂購爲瓜種，於是獲巨利，年年如此，竟致巨富焉。

翁生將所有西瓜全部出售，只留幾個瓜種，及將兩個西瓜王留之，鄰村有劉翁者，爲村中惡棍，恃財勢常僱流氓擄掠打劫，聞翁生有西瓜重百斤，即僱賊徒，能飛簷走壁者數人，黑夜爬牆偷竊之。賊徒將瓜偷出，抬至劉家，劉親自舉刀切之，刀落瓜開，豈知此怪瓜，非是眞瓜，實神化之物，爲一火瓜耳，當劉把刀剖落時，瓜中冒出熊熊之火，把劉翁及賊徒一齊燒死。連房屋亦都燒得精光。翌日翁生起來，見房中少了一瓜，知爲賊偷，惟恐此瓜再被偷去，遂徵母意，把它切開自食，當翁生切開一看，瓜內並無瓜肉，滿貯金瓜子，乃奉母命，置產造房，並將一部分留爲婚娶之費，娶妻解氏金娘，夫妻情篤，生子九女三，九子十登科，蓋一女婿亦中文舉耳，地靈感應如斯，豈不怪哉！

第五節　亥時出世，一定黑過墨斗嗎？

曾經看過一齣「黑色喜劇」，主角被安排在亥時出世，所以注定一生命途多蹇、際遇坎坷，俗語所謂「頭頭碰着黑」是也。戲中這個「麥斗」的遭遇，純粹因爲他是前生注定，亥時出世。筆者不知道這電影的編劇者在撰寫劇本前，有沒有請教過命理專家，亥時出世的人是不是一定沒有好日子過。不過，這與本文無關，筆者只是感覺到，中國傳統社會，向來都流傳着一句話，叫做「亥時出世，一生運滯」。可惜這句話，絕對是胡說八道，只不過一般人對命理學缺乏認識，人云亦云而已！

中國有一本命理古籍，叫做《三世相》；大概是公元一千七百八十八年左右的產物，書中涉及到不同時辰出生的人會遭遇不同的命運；而且用圖畫繪製了四個貌似黃帝的造像，然後將一天的十二個時辰（即子、丑、寅、卯、辰、巳、午、未、申、酉、戌、亥）分別安排在黃帝身體的不同部分。有的時辰在頭部，有的在腹部，有的在手部。四個黃帝，分別代表了春夏秋冬四季，同樣是亥時。在冬天，亥時位於黃帝的腹部；在春天，亥時在右膝；到了夏天，亥時便改變了位置，到了左腰附近；秋天時就在足部。亥時隨着四季不同而遊走於黃帝身體的不同部分，其他時辰亦然；黃帝是坐着的，不是站着的。但這四季黃帝圖後世又出了不同的版本，不但十二地支(即十二個時辰)位置和《三世相》的不同，甚至連黃帝的樣子也不一樣，坐姿由正襟危坐變了側身而坐，甚有趣味。先不管哪個版本準確，我們先來看看古書中有關出生時辰配在黃帝身體不同部分究竟對命運有什麼影響：

時在黃帝陰，富貴積珍珠；
中年衣食有，永保有黃金。
門風皆不換，此是貴人身；
兒孫多富足，為官日高升。
時在黃帝膝，日日路上行；
未量方榮華，老年多財穀。
時在黃帝膝，作事少利益；

初年平常過，衣食中年後。
時在黃帝足，修行免勞碌；
一生亦平安，不宜居祖屋。
女人嫁二夫，男人要重娶；
走盡荒山嶺，離祖方成福。
時在黃帝頭，一生常無愁；
求官皆有位，衣樂自益足。
庶人多富貴，君子近皇侯；
女人平穩好，嫁得俊兒郎。
時在黃帝肩，一生衣樂足；
便主十分閒，衣樂時時有。
早年運不通，尾景有牛田；
兄弟相分散，前苦後有甘。
時在黃帝手，營謀錢財有；

出入貴人送，家中百事有。
初年平平過，尾景財到手；
財寶四方來，積聚十分有。
時在黃帝腹，衣祿自然足；
笙歌連舞曲，奴婢二廂主。
中年衣祿貴，晚景多享福；
快樂盡榮華，添壽又增福。

上面的歌訣，文字粗劣，和正統的命學書籍比較，可謂毫無辭采，而且立論根據又不知出自何經何典，大抵不可置信，作爲茶餘飯後閒談尚可，當是命理口訣來看，是極爲不智的一回事。

即使這黃帝圖和歌訣所述有所本，讓我們來看看亥時生人的命罷，根據《三世相》後世版本的黃帝圖：春季，亥時在腹，歌訣有云：「時在黃帝腹，衣祿自然足……」夏季，亥時又在腹，秋季在頭，歌訣云：「庶人多富貴，君子近皇侯。」冬

季呢，冬天亥時出世的人，命運更是好到了不得：「財寶四方來，積聚十分有……」假如我們以黃帝圖來看，亥時出世的人，不論生在春、夏、秋、冬哪一季，都是一生富貴、名利皆有，這和一般人所說的「亥時出世，一世運滯」簡直是兩回事。

隨手翻開了尤達人的《現代名人命鑑》，亥時出世而名垂青史者，大有人在。美國前任總統杜魯門就是其中之一。杜魯門出生於一八八四年五月八日，即前清光緒十年夏曆四月十四日亥時，他的八字爲：

甲申
己巳
戊午
癸亥

好一個亥時出世的人！出身於平凡人家，他的父親是一個販賣騾馬的小商人，由於幼年未獲充分栽培，所以只讀過兩年法律專科，連大學之門也未踏入過；但却出人頭地，獲任美國總統，下令投下原子彈轟炸日本，結束第二次世界大戰。

生於一九〇一年四月二十九日下午十時廿五分，即前清光緒廿七年夏曆三月十一日亥時的日本天皇裕仁，也是亥時出世的，他的八字爲：

辛丑
壬辰
丁丑
辛亥

兩位亥時出世的人，一爲美國總統，一爲日本天皇，你能說亥時出世，是「害時出世」，一定運滯嗎？本文開始時談過電影，荷李活影史上，以拍製大場面而飲譽影壇的大導演施素德美，也是亥時出世的。這世界亥時出世而事業有成、福祿壽全者實在大有人在。

那麼爲什麼我們常常聽見人說「亥時出世」來形容運滯呢，原因其實簡單得很。一、「亥」和「害」同音，所以就引用這句話來加以引申借用，比喻當黑和滯運。二、大部分人均不明白八字推命的理論和方法，人的命運，絕對不可以單靠一個字來推得準確，這和以生肖論流年一樣不可以作準。既然是八字，就一定要將八個字一齊作綜合性的推斷，再判合大運流年的刑、沖、會、合，互相參看，才能看到個七七八八的。

第六節　陰年陰月陰日陰時出世是否會被鬼纏身？

記得以前看過一部港產片，片中的主角就是一個所謂「陰年陰月陰日陰時」出生的大廈管理員，因爲陰氣太重，結果受到猛鬼纏身，被選爲投胎的對象，俗語所謂替死鬼是也。這幾年本港影壇，鬼片大行其道，其中不乏引用命理術語，穿鑿附會的。由於絕大多數人對命理學沒有絲毫認識，所以聞「亥時出世」而色變，因「陰年陰月陰日陰時」出生而恐懼者，大有人在。其實，這全是强不知以爲知的結果，所謂「整色整水，眞嘅一樣」，不過是要娛樂觀衆而已，我們大可不須信以爲眞，自己嚇自己。

站在命理學的立場來說，「陰年陰月陰日陰時」，即是四柱純陰，八字中八個字全屬陰，古命書《滴天髓》有下面幾句話：「陽乘陽位陽氣昌，最要行程安頓；陰乘

陰位陰氣盛，還須道路光亨。」陽乘陽位的意思，就是四柱全陽，陰乘陰位，就是四柱全陰。在十天干之中，甲、丙、戊、庚、壬是五陽干，乙、丁、己、辛、癸是五陰干。而十二地支中，子、寅、辰、午、申、戌全屬陽支，丑、卯、巳、未、酉、亥全屬陰支。四柱全陰，就是八字中，四個天干都是陰干，四個地支都是陰支。

無論八字全陽也好、全陰也好，都有一種精純之氣，一般來說，不但不會被鬼纏身，而且通常被視爲貴顯之徵。當然，這要配合八字命局的喜神用神和運程之進退才可以判斷。隨便舉一個例子，香港已故聞人羅文錦爵士，就是一個「陰年陰月陰日陰時」出生的人。他出生於一八九三年，即前清光緒十九年夏曆六月初九卯時，他的八字爲：

癸巳
己未
己未
丁卯

羅爵士的命造，爲「時上一位貴格」，八字純陰，清純高貴，早年赴英求學，獲法學士第一名，返港後即執業為律師，廿九歲時獲任太平紳士，四十歲任議員，此後屢獲勛銜，五十六歲得爵士殊榮，事業成就輝煌，可謂得天獨厚，誰說八字純陰的人，會一輩子倒霉，連鬼都去欺負他！

《滴天髓》是一本着重討論八字先天格局的書，人命的貴賤，在乎格局的好壞，與是否純陰純陽無關。下面的一段文字，最能代表該書對格局高低的看法：

……故天地順遂而精粹者昌，天地乖悖而混亂者亡，不論有根無根，俱要天覆地載上下有情……上下貴乎情和，左右貴乎氣協，始其所始，終其所終，福壽富貴，永乎無窮。

由這段文字，我們可以知道一個好的八字，在於陰陽調和，五行流通，動靜適宜，上下有情，左右同氣，特別是陰陽調和，尤其重要，雖然說八字純陰，和鬼神扯不上關係，但站在「中庸為貴」的原則上看，八字純陰的人，和八字純陽的人一樣，同樣受到五行質量不平衡的影响，性格容易走極端，特別是運程不順遂的時

候，多數採取比較偏激的手法和態度去處理事物，所以成功和失敗，亦比一般人來得明顯。

可能因爲八字全陰或者全陽的人，性格陰晴不定，所以歷來命理學家對這種八字的人，評價不高。《三命通會》一書說：「四柱俱陽，口惡心善；四柱俱陰，狠戾沉毒。」《心性篇》說：「四柱純陰，透梟食，心毒口甜；四柱純陽帶羊刃，地支逢冲，爲人不忠不孝。」上述兩種說法，都犯了以偏概全的毛病，不可以作準，只宜我們參考而已，否則全世界至少有一半人是四柱純陽或四柱純陰的，爲什麼呢？比如說，今年是甲子年，是陽年，全年十二個月裏一定有六個月是陽月，而每一個這些陽月也一定有十五天是陽日，每一日當然有六個時辰剛好是陽時，讀者可以自己算一算，「陽年陽月陽日陽時」出世的人何其多；同樣道理，「陰年陰月陰日陰時」出世的人亦何其多！難道這些人都不忠不孝、狠戾沉毒嗎？

談到陰陽，不知讀者有沒有留意到在中國傳統小說中，通常都用「陽數將盡」四個字來形容垂死的人，其實，小說中的「陽」和「陰」，一般泛指陽間和陰間，和八字命理中抽象的陰陽概念不同。活着的人住在陽間，死了就往陰間去。所以舊小說中常說某人陽氣漸衰、陰氣漸長，就特別容易見鬼，就是「陽人陰鬼」說法的引申。和命理學根本上扯不上絲毫關係。另外還有一種謬論，就是說「八字輕」的人容易見鬼，甚至會鬼上身。稍爲對八字命理有認識的朋友都知道，八字只有旺弱之分，而無輕重之別。木命的人生於春天，因爲春天木旺，所以八字也旺，如果再有比肩比劫或者印綬相助生扶，那就更加旺不可當了。木命假若生於秋天，金神當令，那就是弱了；這就是八字旺弱最簡單的法則，從來無所謂「輕重」的。

用「輕重」來算命的，只有一種胡扯的「秤命法」。那是根據出生的年和月來稱骨算命；以輕重來評定一生貴賤，比如說甲子年生人重一兩二錢，一月生重六錢，一月初一日生重五錢，餘此類推，將年、月、日、時個別的重量加起來，如果不超過二兩一錢，乃屬衣食奔波之命，所謂「短命非業謂大凶，平生災難事重重，凶禍頻臨陷逆境，終世困苦事不成。」重量爲二兩二的乃幼年勞碌、中年清泰之命，形容這命的詩是這樣寫的：「身寒骨冷苦伶仃，此命推來行乞人，勞勞碌碌無度日，終年打拱過平生。」總而言之，不超過四兩五錢的八字，就是「八字輕」，不但貧苦終身，而且會見鬼。超過四兩五錢的八字，就算是「八字重」，「八字重」的人，命運和

「八字輕」的人，相差十萬八千里。

除了智商零蛋的人，都會知道這種「秤命法」根本就是江湖術士用來欺騙無知婦孺的東西，毫無學理根據，純屬胡說八道。筆者未聽過有人用「秤命法」能夠準確替人算出命運者，可惜的是，港台出版的某些通勝民曆，年年例必把「秤命法」印得清清楚楚。筆者以爲迷信不是罪行，但導人迷信則是罪大惡極，實在令人難予饒恕！

第七節　命帶桃花，是否可喜可賀？

十個男人，有九個都希望有桃花運可行，不管是未婚的王老五抑或是家有嬌妻的多情種子，聽到算命的告訴他命帶桃花，總免不了沾沾自喜，碰到女人多看他一眼，立即以爲有美垂青，滿腦子馬上出現男歡女愛的鏡頭，恐怕連自己姓什麼也忘記得一乾二淨。

其實，行桃花運，不一定是件好事。很多時「桃花運」會變成「桃花劫」，結果因色傷身，身敗名裂，甚至家破人亡。個中道理在哪裏呢？假如想對「桃花運」有起碼的認識，首先要知道桃花本身是什麼東西。

我們在這裏所說的桃花，並非指在年宵市場中可以買到的桃花，而是命理中「神煞」的一種。古書中傳下來許多來歷不明、原理不清、但却能有助判斷命運的「神煞」，桃花就是其中之一。桃花可以爲吉、亦可以爲凶，全視乎八字命局的配合。它的本身是一風流之星，主男歡女愛之事。八字帶桃花的人，無論男女，都容

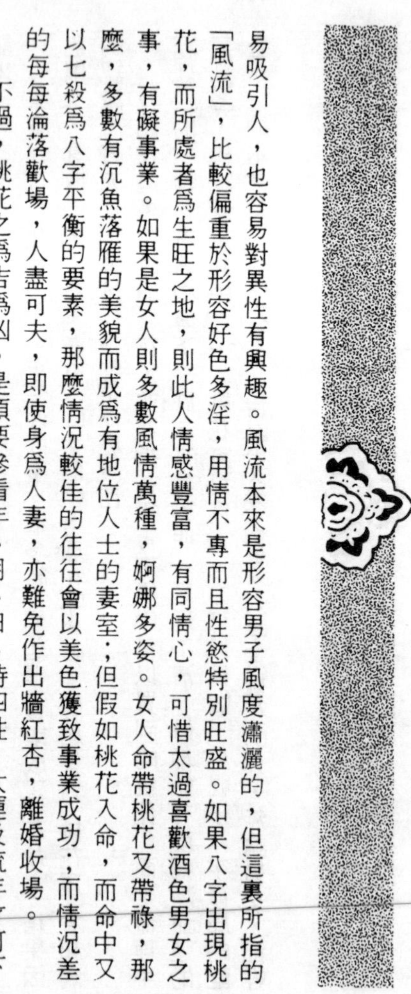

易吸引人，也容易對異性有興趣。風流本來是形容男子風度瀟灑的，但這裏所指的「風流」，比較偏重於形容好色多淫，用情不專而且性慾特別旺盛。如果八字出現桃花，而所處者爲生旺之地，則此人情感豐富，有同情心，可惜太過喜歡酒色男女之事，有礙事業。如果是女人則多數風情萬種，婀娜多姿。女人命帶桃花又帶祿，那麼，多數有沉魚落雁的美貌而成爲有地位人士的妻室；但假如桃花入命，而命中又以七殺爲八字平衡的要素，那麼情況較佳的往往會以美色獲致事業成功；而情況差的每每淪落歡場，人盡可夫，即使身爲人妻，亦難免作出牆紅杏，離婚收場。

不過，桃花之爲吉爲凶，是須要參看年、月、日、時四柱、大運及流年才可下論斷的，一個有修養的命理學家，都不會隨便輕言。俗語說：「桃花不可犯，犯了必交惡運。」亦不過是勸人自我警惕，命理上並非是有了桃花便一定不好的，通常八字格局清純的命造，並不以桃花爲忌，反之好色多淫的人，八字中亦不一定見到有桃花出現，所謂「多金多水，智慧多淫」，一個五行屬金的人，假如八字中水極旺，亦會是個多情多慾的人。

古書中記載的桃花很多，比較常用的有裸體桃花、沐浴桃花、咸池桃花、遍野桃花、倒插桃花、紅艷煞、滾浪桃花殺、桃花劫、桃花馬等等。四柱八字之中。桃花位置不同，它的影响力亦隨着有所增減。一般來說，出現在生年（地支）的桃花，影响力最輕。

生年的干支叫做「年柱」，年柱通常代表一至十五歲的運程。桃花在十五歲前出現，則有等於無；如果是女命，多數外表謙和，人見人愛，有喜歡和異性談天說地的興趣，但沒有男歡女愛的非分念頭，畢竟年紀太小，所以桃花的影响力也最微。

在出生月份的桃花星，稱做「牆內桃花」。這種桃花如果和生年、生日或生時沒有嚴重的不協調情形出現（即命理學專門名詞：沖尅合等），都表示婚姻美滿、夫妻恩愛。但在生日或生時出現的桃花，可嚴重得多了。這桃花叫做「牆外桃花」，最爲不吉，女命尤忌。因爲顧名思義，「牆內桃花」是在屋的範圍以內，有牆包圍保護，不容易受到外界招惹；但「牆外桃花」，則人人可採，正所謂路柳牆花，「男命逢之多慷慨，女命逢之多風情」，就是此意。

人命流年假如遇見紅艷煞，多主婚姻有波折，或鬧婚變，輕者都會感情不睦。甲見午，乙見午，丙見寅，丁見未，戊見辰，己見辰，庚見戌，辛見酉，壬見子，癸見申，都是犯了紅艷煞，當然，不懂命理的讀者，相信不會知道甲見午、乙見午的眞確意義，不過這不重要。讀者但求能知道流年遇上「紅艷煞」，對婚姻有不良影响，已經很足夠了。命理書上有歌流傳下來，是關於這個神煞的：

多情多慾少人知，六丙逢寅辛見鷄，癸臨申上丁見未，眉開眼笑樂嘻嘻，
甲乙見午庚見戌，世間只是衆人妻。戊己怕辰壬怕子，祿馬相逢作路妓，
任是世家官宦女，花前月下也偷期。

除了「紅艷煞」之外，還有一種桃花叫「遍野桃花」。我不止一次提過，地支有十二個，子、丑、寅、卯、辰、巳、午、未、申、酉、戌、亥。假如出生年、月、日及時，剛巧由十二地支中的子、午、卯、酉四支構成，就叫做「遍野桃花」了。有時在出生年月日時四柱中，有任何兩柱與流年地支及大運地支湊成子午卯酉，也算是

遍野桃花，男命通常荒淫好色、縱慾多情；女命亦多會背夫偸情，不守婦道；下面爲大家提供一個眞實的命例，爲存忠厚，特別不提出生年月日時，只列四柱八字：

庚子（生年）

壬午（生月）

癸酉（生日）

戊午（生時）

上列八字是屬於一位年輕女性的；生月支（午）有桃花，生日地支有兩個桃花，一個是裸體桃花，一個是咸池桃花；而生時亦有一個桃花。這個女命，「牆外桃花」和「牆內桃花」都有齊，而且是水命（日主爲癸，屬水），女命水多、再命帶桃花的人，對貞節觀念看得很輕。這位女性十五六歲時已與男同學苟合失貞，現年正行己卯大運，所以子、午、卯、酉一齊出現；所謂「子午逢卯酉，必定隨人走」，因爲正好犯上了「遍野桃花」。她去年的遭遇怎樣呢？爲貪圖金錢，瞞着丈夫暗操淫業，殊爲可歎！

以上所論及的「桃花」，都是偏重於桃花爲凶來討論的。但桃花不一定全是不吉的，這要從整個命造配合大運流年參看，才可以論斷。從好的方面而言，無論男女，到了求偶年齡，如果總是找不到理想對象，是否可以利用風水來生旺桃花運程呢？

風水典籍之中，有篇叫做「紫白訣」的，是用後天八卦配「洛書」九星來論宅運的。其中有一段是這樣寫的：「八逢紫曜，須知婚喜重來……如遇會合之道，盡同一四之中。」八是八白星，五行屬土，方位屬艮，即是東北方，《易經》中艮爲少年男子，而九紫是火星，在人事上爲女子，所以八九相逢，就是男女相會，而且火生旺土，故主婚喜之事。假如閣下睡房在家中位於艮位東北方，或者床位在房間中處於東北方，那麼流年火星飛到艮位的時候，就是大喜的日子。不過，風水派別林立，如果依《金光斗臨經》，根據「八宅」方式來催婚的話，又是另外一套，所以我們以之作爲參考則可以，盡信則未免流於盲從了。

第八節　五行欠水是否注定命中無財？

「水爲財」這句話，幾乎每一個人都懂得說。「水」就是金錢，向人借貸叫「度水」，財源廣進叫「豬籠入水」，阮囊羞澀叫「五行欠水」，諸如此類的用語幾乎三日三夜也舉例不完。

雖然在一般人心目中，水就是錢，但站在命理學的立場來說，水不一定是錢，錢財也不一定是用水來代表。

五行就是金木水火土五行。任何一行都可以是財，這和八字中五行的相生相尅很有關係。簡單的說，凡屬我所尅制的都可以是財。

一個金命的人，他的財就是木，因爲金可以尅木，劈木用的斧頭不正是用金屬造的嗎？「水來土淹」相信大家都聽過，所以一個土命的人，水就是他的財，因爲土可以尅水的緣故。餘此類推，所以水不一定就是財；由於每個人的八字都不盡同，

有金命人，有木命人，有土命人，有水命人，有火命人，不同命的人，財星的五行亦不一樣。

土命的人八字「五行欠水」，自然就是欠財了，木命的人「五行乏水」，絕對不是欠財，如果我們不明白這個道理，誤以爲凡是「五行欠水」就是欠財的話，很容易就會鬧個笑話百出的了。

既然「五行欠水」不一定是欠財，那麼一個擁有這種八字的人，一樣可以有機會成爲巨富的，只不過，五行少了一行，整個八字就不能流通，即使事業上有輝煌成就，積聚財富千萬，但一生人難免有所遺憾，妻財子祿壽，難望每一樣都十全十美。

欠財的相反就是財多，「財多身子弱」這句話也是一般人常常掛在嘴邊的。其實命理學裏頭沒有「身子」，只有「身主」。正確的說法是「財多身主弱」。身主是指八字所有人的五行，五行屬木的木命人「身主」就是木，水命人身主就是水。

「財多身主弱」更加不是錢財豐厚但身體孱弱的意思。一個人最理想是「身主」的强弱和財量的强弱均等。這類人天生好命，不需奔波勞碌，就已經能夠輕輕鬆鬆、財源廣進。如果八字財多身弱，只有望錢興嘆，因爲財星力量太强，而代表自己的力量太弱，好比憑一個人的力量去搬動萬兩黃金，如何可以勝任呢？八字生成「財多身弱」的人，多數任職銀行，或者做會計，一天到晚數的錢，沒有分毫是自己的；所以命書說：「財多身弱，富屋窮人。」就是這個意思了。通常這種八字格局，遇上旺身的運，依然會有機會致富的，因爲身旺了，就等於多了幫手，集合多人力量去搬那萬兩黃金，自然輕而易舉了。

有人說，「財多身弱」多數怕老婆。嚴格來說，不一定「財多身弱」的人才怕老婆的，但「財多身弱」的人多數怕妻。財星除了代表錢財之外，同時代表着妻星。自己力量單薄，妻星力量雄厚，兩相比對之下，不但無法令妻子對自己唯命是從，反而要唯妻之言是聽，難怪千里馬說，「男逢財多身弱，妻話偏聽」了。

當然，從另一個比較客觀的角度來看，八字正財力量過强，僅只表示命主控制妻星的能力及範圍較淺而已！這種人大多數對妻子較爲開明，允許妻子從事較廣泛的社交活動或另外經營事業，並不一定就是怕妻之人也。

財星有兩種，一種是正財，另一種是偏財。一般而言，正財代表正妻，而偏財則代表正妻以外的女性。很多結了婚的男人，往往在經濟基礎較爲穩固的時候，會開始主演第二部愛情文藝片，或者打打游擊，拈花惹草，逢場作興。八字中出現偏財星，而且偏財星多或旺的人，通常性格相當活躍，而且佔有慾强，手腕靈活，對於女性，另有一手，是一個典型的多情種子，生性風流。本書在談論桃花的時候，說過命帶桃花，多數好色多情；其實偏財重的人也會的。筆者認識的朋友之中，其中有兩位都是同屬「財多身弱」格局的人；一個做廣告創作，一個做會計，兩人都具有上述風流好色的性格，幸而偏財不致過重，所以他們的風流，只屬「間中風流」型，不致因太過分而影响家庭。

發財要命，命裏無財，强求不來。八字是天生的，可能是前生修來，今生得享榮華富貴。但命好並不等於後天不需努力經營，就可坐享其成。中國的筆記小說中，就有一則描寫一個整天期望運財童子到來，卒之餓倒街頭的故事：

某個鎮有位專做襪子生意的商人，晚年才生了個兒子，這老襪匠夫婦愛之如珍如寶，什麼工作也不讓他做，因此，鎮裏的人都戲稱這小孩子做「襪公子」。老襪匠還帶兒子到鎮上著名的八字算命師張鐵口處算命。張鐵口在命書上批著：「財旺身旺，行年三十，財積五百萬。」老襪匠開心到不得了，甚至將命書放在錦囊內，掛在兒子胸前。

很快襪公子長大成人，婚後幾年，老襪匠夫婦先後去世。由於襪公子身無一技之長，自然只有靠老父遺產度日，不久坐吃山空，襪公子最後竟然淪爲乞丐，不過每天都不忘摸摸胸前的錦囊，數着日子，希望三十歲發財的日子早日到來。

到了廿九歲，襪公子貧病交迫，終於捱不到三十歲就死了。死後還心深不忿，遷怒張鐵口，一道陰魂直奔閻羅王處去告狀，並把張鐵口所批的命書作呈堂證物。閻王立即着人查生死簿和富人名册，果然發現司命眞君在襪公子降生之日，即已交代招財和利市兩神妥爲照顧，証實張鐵口所言不虛，但爲什麼襪公子不但沒有五百萬，還要餓死街頭呢？原來一經招財、利市二神明查之下，襪公子應該在三十歲發達，但在三百六十行買賣中，全無此人踪影，想協助都無從下手，懷疑襪公子轉行

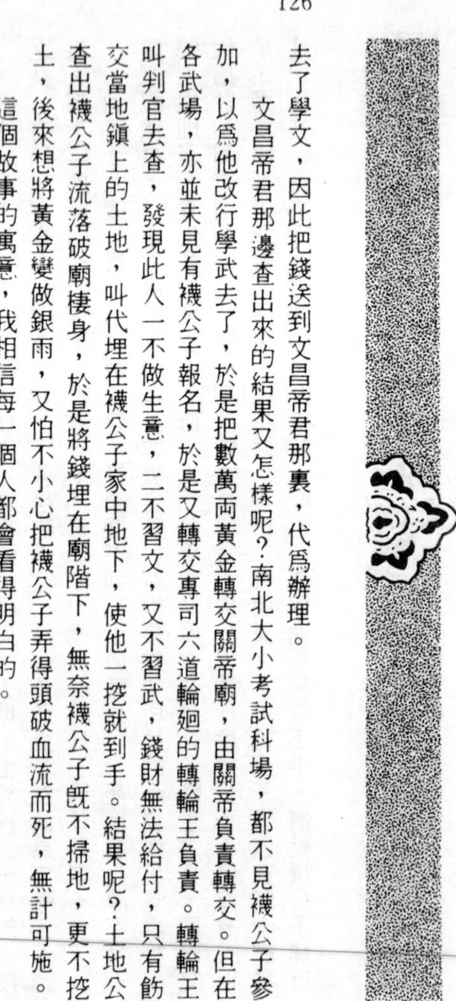

去了學文，因此把錢送到文昌帝君那裏，代爲辦理。

文昌帝君那邊查出來的結果又怎樣呢？南北大小考試科場，都不見襪公子參加，以爲他改行學武去了，於是把數萬兩黃金轉交關帝廟，由關帝負責轉交。但在各武場，亦並未見有襪公子報名，於是又轉交專司六道輪廻的轉輪王負責。轉輪王叫判官去查，發現此人一不做生意，二不習文，又不習武，錢財無法給付，只有飭交當地鎮上的土地，叫代埋在襪公子家中地下，使他一挖就到手。結果呢？土地公查出襪公子流落破廟棲身，於是將錢埋在廟階下，無奈襪公子既不掃地，更不挖土，後來想將黃金變做銀雨，又怕不小心把襪公子弄得頭破血流而死，無計可施。

這個故事的寓意，我相信每一個人都會看得明白的。

第九節　命運可以改造嗎？

「生死有命，富貴在天」的宿命思想，數千年來在中國人的社會中，根深蒂固。一個人一生都受着先天命運的安排，所謂妻財子祿，冥冥之中彷似有人在操縱着，要躲也躲不開，逃也逃不掉，所以道家思想能夠盛行於中國，原因或多或少和傳統的讀書人深信宿命有莫大的關係。

中國古時的讀書人，幾乎每一個都是儒家和道家的混合體。日間爲儒，做的是治國安民的事；晚間則爲道，思想及生活方式都傾向於「順乎自然」的道家宗旨。其實，「順乎自然」的另一個解釋，就是相信一切均屬自然或天命所安排，難以强求。於是有道之士大多勸人樂天知命、知足常樂，心存得固無足喜、失亦無足憂的處世原則和道理。

我們暫且撇開哲學的圈子，看看科學的遺傳學對人的命運有何說法。在遺傳學中，有一個普通常識，就是人的性別由精子和卵子中的染色體來決定。XX染色體

組成女性，XY染色體組成男性。但大約每一千個男性之中，總會有一個多了一個Y染色體，變成XYY，這種人通常身材較高，有强烈的犯罪傾向，性格暴躁而富於攻擊性，在犯罪入獄的人中，這種人所佔的比例極高。他們一生的際遇，可說是命中注定，身不由主。教育與環境可能對他們有所幫助，但往往事倍功半，甚至徒勞無功。

當然，亦有很多人，特別是知識分子和一些有宗教信仰的人，對中國命運學是抱着排斥和懷疑的態度的。法國有個叫做高奎能的心理學家，在三十多年前就曾經視命運之說爲迷信之談，並且大肆攻擊占星術和星相學，但就在他進一步利用科學中的統計方法來證明命運是無稽時，竟然有所發現，並且將他的發現寫成報告，公諸於世。這報告的內容自我否定了他以往對占星術及星相學的說法。

高奎能搜集了超過兩萬個古今名人的生辰資料，然後經過統計、比較、對照，在同中求異和異中求同的比較過程中，他發現了在火星升起時刻出世的人，都大部分當上將軍；而在火星或土星「星正當中」時刻出生的人，大都成爲醫學界中的代表性人物。其實，不但西洋的星相學有其學理上的根據，中國的命理之學亦是經過三千年來不知多少專家們集體研究、整理和不斷修正的成果。這些成果告訴我們一件事，一個人是有命運的，而命運主宰着人的一生；「命中注定」的說法，絕對不是迷信，而是數千年來中外統計研究的結晶。

讀過《三國演義》的朋友，相信都非常熟悉諸葛亮在五丈原試圖改運的故事。《三國演義》第一百零三回，寫到諸葛孔明屯兵五丈原，阻擋司馬懿大軍直取成都。某夜，孔明抱病仰觀星象，發現「三台星中，客星倍明，主星幽暗，相輔劉曜，其光昏暗」，孔明是個精通星相的人，自知命在旦夕，於是在軍帳中設壇，祭香花果物，地上分佈七盞大燈，外再排列着四十九盞小燈。祭壇中央才安本命燈。如果用祈禳之法，得保住本命燈在七日之內不熄滅，那麼，就可延長壽命十二年；如果保不住的話，就表示天命不可違。孔明於是每晚披髮仗劍，步罡踏斗，鎮壓將星，使不殞落。就在第六天晚上，司馬懿突然發兵襲擊蜀營，大將魏延在驚慌之中，飛步踏入孔明帳中稟報，不慎將本命燈撲滅。孔明棄劍而歎說：「生死有命，不可得而禳也！」結果死於五丈原，改運結果，並無成功。

諸葛亮不但在中國政治史、軍事史上佔有重要的地位，他對命理之學，亦有傑出的貢獻。至今還流傳着一本《諸葛孔明神數》，任何書坊舖均可買到，以他的法術去改運，尚且不成功，憑更改名字，又怎會有用呢？

既然說命中注定，那麼命運就是絕對不可以改變的了。既然不可改變，這和我們去看相算命，尋求趨吉避凶，不是互相矛盾嗎？

坦白說，這是一個極端難以作答、恐怕亦不會有一個肯定答案的問題。我只可以說，命和運是有的。一個人就是因爲他的先天命運在降生的一刹那就注定好，命理學家才有辦法根據時辰八字、出生地點來替他推算。但是，我們千萬不可忽略一個重要的事實，命運只不過是先天的，後天還有很多可知和不可知的因素影响着一個人命運的發展，所以用算命方式去推測人一生的際遇，正確性和可靠程度最多只有七八成左右，中間還涉及算命家本身的修養和功力；功力到家的固然可以推個七八成，不到家的連用神都捉錯，不要說推命了。

由於任何一門術數，無論是子平八字、紫微斗數、河洛數理、鐵版神數等，對命和運的捉摸和了解都不能有百分之一百的準確性，古往今來的人，對命運是否可以更改的疑問，起碼就有兩種不同的看法。

清朝內閣大學士陳素庵就是「命運可以更改」一派的有力支持者。所謂「一念之善，可以延年；一念之惡，可以奪算」，所以他經常勸人廣結善緣，普積陰德。陰德可以延壽的說法，在中國傳統社會中頗為盛行。這在傳統文學中也反映了出來。很多人都知道有《聊齋誌異》一部書，作者蒲松齡，透過書中人物和故事，勸人多做善事、多種善果。據說陰間有位賞善司，專責紀錄人在陽間的行為，行善事者，可以保身兼延壽，行惡事的則適得其反。

主張命運可以用積德來改變的，還有明朝萬曆年間的袁了凡。袁氏在有明一代，曾先後做過兵部職方司主事、軍前參劃、督兵等高職。根據《了凡四訓》的記載，袁了凡幼年喪父，他的母親叫他放棄求取功名，致力學習醫術，以期有朝一日，懸壺濟世。但有一天袁了凡遇到一位精通算命之術的老人，自稱盡得邵康節皇極數正傳，對他說他有做官的命，應該向仕途發展，並且推算他會在縣考童生得第十四名，府考得第七十一名，提學考第九名，此後在官場一帆風順，某年當補廩，

某年當貢生，某年當四川知縣，但會在在任三年半後離職歸鄉，並將於五十三歲那年八月十四日丑時，壽終正寢，無子送終。

這位精通皇極數正傳的老人，對袁了凡所作的推算，後來都先後一一應驗，愈發令袁了凡對生命失去了積極的進取心，完全接受了命運的安排。後來，袁了凡在棲霞寺，得到一位叫雲谷禪師的高僧開導，教他一些佛門禪機，使了凡有所頓悟，雲谷禪師說：

「人未能無心，終爲陰陽所縛，安得無數？但惟凡人有數，極善之人，數固拘他不定；極惡之人，數亦拘他不定。汝於二十年來，被他算定，不曾轉動一毫，豈非是凡夫？」

從此之後，了凡力求掙脫命運的桎梏，發誓做三千件善事。等他三千件善事做完，竟然一索得男，推翻了老人說他無子送終的推算，而且得享高壽，死時七十四歲，比老人算他的五十三歲多出了二十一年。

袁了凡改變命運的故事，教我們知道命運並非絕對不可以改變的，不過改運的方式，絕非一般神棍所用的求神、吃符，禳解、做生基等等，而是要有大決心，做大善事，積大陰德，才能使壞運變好運。明朝著名命學家萬育吾，在命學巨構《三命通會》一書中，就有下面一段說話：

陰陽之氣，交感之時，受眞精妙合之氣凝結成胎，成男成女，得天地父母一時之氣候，是以稟其清者，爲智爲賢；稟其濁者，爲愚多不肖。智者賢者由是或富或貴或泰，必有所得，所謂德足以發福也；愚者不肖者，不能自奮，日益皆蔽，則貧賤與夭，有不能免，所謂下愚不移是也。

這段話的簡單說法，就是命固然屬於天造，但並非一成不變，而且有賴後天的奮發和努力，才能有所成就。俗語說：「騎馬坐轎不過三代，挑担推車也不過三代。」即使祖業豐厚，但假使子孫不肖，坐吃也會山空。命途多舛，時運不濟，假如能努力向上，艱苦求進，也終有出人頭地之一日，命運之可改歟不可改歟，於此可見其理。

關於命運之說，佛家的「三世因果」論的看法又有所不同。所謂「欲知前生因，今生受者是；欲知後世果，今生作者是」。三世因果的意思就是說，人的命運有好有壞，純粹因爲前生所種，所以如能廣種善因，將功抵過，即使前生爲大奸大惡，今生的罪孽也可相對減輕。至於三世因果之論，不欲在此深究，但佛家有一「七佛滅罪眞言」，我們如果每日默唸，持續兩年，其效果就和積德種福一樣；這「七佛滅罪眞言」是這樣的，各位讀者有興趣，可以自行背熟默唸：

離婆離婆帝、求訶求訶帝、
陀羅離帝、離訶囉帝、
毘離尼帝、摩訶伽帝、
眞陵乾帝、娑婆訶。

這眞言本出梵音，所以每個字的讀音和普通讀法有所不同。比如說「離訶囉帝」的「囉」字，讀作「啦」；「毘離尼帝」的「毘」字，讀作「比」。

何文匯在他的一本書中，涉及了命運之說。根據他的看法，命運是神秘的，它有多大、有多重、有多强，我們一概不知道。如果我們不知道命運的本來面目，根本無從着手去改變命運。在書中，他舉了一個很有趣的例子。有一個人很倒霉，做事總不如意，這看來是命運在作祟了。但他不氣餒，依然很努力地去幹，到後來終於成功了。他可能以爲他改變了，甚至戰勝了命運。可是，他又可曾想過，他的努力，他的成功，都可能是命運的安排？命運甚至安排了他自以爲改變了命運。

何先生對人說，因爲我們對命運一無所知，所以無從改變命運，更無謂妄想去改變命運。這種說法，本身是非常具有邏輯性的。但並不是說他的立論完全沒有商榷的餘地。第一，是否可以改變命運和是否應該盡人事去改變命運、趨吉避凶，是完全不同的兩回事。趨吉避凶是一種積極的做法和態度，即使積陰德不能改變命運，但積德善行本身是件好事。第二，我不同意我們對命運一無所知。假如我們從純學理的立場或者從定義學的角度去看命運，那麼，結果會有一百種不同的說法，知道等於不知道。但撇開「什麼是命運」暫時不談，我們無法否認很多門中國術數的而且確可以預知個人未來運程的大概。鐵版神數斷六親之準確更是令人驚異。所以，從實際的運作來看，命運是可以捉摸的，既然可以捉摸，也就可以趨吉避凶。至於我們去實行「趨吉避凶」的事，是否命運中早已安排了我們這樣做，是沒有人可以作答的問題。占卜星相，就等於瞎子摸象一樣，每一門術數都只觸摸到命運的一個片面而不是全部，但這又何損於中國傳統五術對探討人生命運的努力和成就呢？

第五章　從中國文化中發掘風水命理的「根」

第一節　風、水——古農業文明的兩大支柱

風水這兩個字是怎麼來的，是一個頗有趣的問題。假如我們翻開中華書局出版的大字修訂本《辭海》下冊「風」字部，就可以見到那裡引述了一段古文：

郭璞《葬書》：「葬者乘生氣也，經曰，氣乘風則散，界水則止，古人聚之使不散，行之使有止，故謂之風水。」

這一段文字，普通人看了等於白看，因爲文字含義深奧難懂。不過，郭璞本身却是一個非常有趣的人物。郭璞是晋朝時代的人，博聞廣識，無論天文地理、爻象讖緯、安墓卜宅等學問，樣樣精通，而且還具有看見幽靈鬼怪、未卜先知的異稟。在晋明帝十五歲時，坐鎮南州的王敦想要做反，於是找到了郭璞來做他的謀臣。有一次，晋明帝微服私行，經過王敦門前。當時王敦正在和郭璞飲宴；郭璞看到明帝

騎馬而過，却一直沒有作聲，等明帝過去很久才說出來。王敦一聽不由大吃一驚，問他爲什麼不出聲。郭璞說：「剛才下官看見他的時候，發覺日月星辰的精靈和五嶽四海的衆神都聚在他身旁護衞，下官震驚，所以不敢立即報告將軍。」

郭璞是否眞的具有看見鬼神的能力，非常值得懷疑，古時候的歷史文獻每每將事實、神話，和小說混在一起，很難尋得眞相。不過，郭璞精於葬法，却是事實。問題是，他的葬書，使風水兩個字的意義限於安葬死者，太過抽象，而且範圍亦太狹窄了。風水，其實不但和葬有關，和中國古代文明的發展，有更密切的關係。

中國早期農業文明大體是利用自然的結果，先民選擇最有利的環境定居；這一點在七、八千年前的裴李崗文化已非常顯著。不僅關中仰韶文化如此，華北新石器時代的遺跡顯示，西起蘭州，東至青島，從黃河流域到長江流域的農村聚落都有一個共同現象，村落的遺跡，多數在鄰近小河的丘陵上，因爲人們取水方便，容易耕種，又可漁獵採集以補農業生產之不足。河水故然重要，雨水更加重要。

由於原始的農民，都是靠耕種吃飯，他們的生存和四時氣候的變化，變得息息相關。我國華北與西部高原的黃土，大概在舊石器時代末期形成，它是來自戈壁沙漠的風土，經過幾十萬年的吹積，才形成了一層深厚肥沃的沙土。如果雨量充足，便很肥沃，但如果水分不足，那將無法耕種，所以農人的生存，全部倚賴着夏季的雨，雨量不足和雨量過多，都會造成旱災和水災，所以先民對自然力量的平衡和諧，是很重視的。

先民對雨水的重視，在很多甲骨文的卜辭中都可以看得出來。有些卜辭中有關氣象的紀錄，可以追溯到西元前十四世紀。商代還有了簡單的風向器，在甲骨文中爲「俔」。甲骨文中還有「大雨、猛雨、疾雨、足雨、多雨、毛毛雨」等分別。

到了周代，《易經》記有「七日來復，利有攸往」兩句話，證明周代的人已經體驗到氣候的變化是有週期性的了。《尚書・洪範篇》更有「星有好風，星有好雨，日月之行，則有冬有夏，月之從星，則以風雨」。可見已知星月和風雨之間的密切關係。

對於氣象的解釋，古書中很多地方都有記載。《計倪子》中說：

風爲天之氣，雨爲地之氣，風順時而行，雨應風下降，命曰：天之氣下降，

地之氣上升，陰陽交通，萬物成矣。

這段文字很明白指出，控制世界的兩大力量就是天和地，天是氣候的支配者，本質是陽；地則生育萬物，本質屬陰。由於先民靠看天吃飯，所以天地的具體表現就是風和雨，亦即是風和水。由此可以知道，風水的意義，有它悠久的歷史背景，並不單純和安葬有關係。

商朝的時候，主宰着「風」的有四方風神。祂們各主一方，且有不同的名字。卜辭中有：「庚戌卜，寧于四方，其五犬?」據學者的考證，這裡所說的四方就是指四方的風神，卜辭的內容大意是說：「四方的風神啊，奉上五隻狗作爲祭牲，祢們可以停止不吹了嗎?」

有風神當然也有水神。中國西北大荒的居民，面對着幾乎每年都要氾濫的黃河，有着極大的恐懼，但在恐怖和驚懼中又產生了征服洪水的毅力，於是很多洪水爲患和治水的神話，一個接着一個地產生。

鯀是第一個治水的神，祂是北方水神顓頊的兒子，也是治水的大禹的父親。祂偷了天帝的一塊神土，叫做「息壤」，這塊神土是生生不息的，只要把它放在水中，它就能逐漸擴大，堵塞洪水。鯀治水並未有成功，因爲祂犯了偷竊罪，所以被天帝命火神祝融把祂殺死。

鯀死後三年屍體都沒有腐爛，天帝用刀從祂的腹中取出了一條頭上長着角的小龍，這條小龍，也就是治水的大禹。《大戴禮記》中記載：「黃帝生昌意，昌意產顓頊，顓頊產鯀，鯀產禹。」《史記》：「夏禹之父曰鯀，鯀之父曰顓頊，顓頊之父曰昌意，昌意之父曰黃帝，禹者，黃帝之玄孫。」這一個古代的帝王系統，是由一個以古代居於西北方黃土高原一帶夏民族所信仰的水神爲主體而成立的。這些富有神話色彩的記載，也並不是古代人憑空的幻想，而是以西北各民族的現實活動爲基礎而建立的。

風神、水神等等的產生，一方面是先民對大自然力量敬畏的表現，另一方面却可以看出他們希望征服大自然的意念。商人祭山、川、河，祭東南西北四方之風神，爲的都是求雨、求地利，這些都和農業生產有關。中國早期的祭祀，是想藉天帝及巫術的力量，求取自然的和諧與平衡，這和諧平衡觀念，形成了陰與陽的學

說。從中國藝術史上來看，史前陶器的繪紋，從彩陶文化的祭器上開始，便在追求平衡觀念的表現，終於在新石器時代的晚期，演變成太極的初步結構，在石家河所發現的太極圖，就是陰與陽平衡觀念最原始的具體表現。

由於風和水直接影响農業社會的生存，風和水也和人類生殖有了聯繫。《後漢書》有提及到東方女兒國的傳說，說女兒國的女人因爲有口神秘的井而能自然懷孕。《領外代答》說女兒國的女人因爲裸體迎南風而懷孕。《梁書》則說因女人紛紛落水而自然懷孕。值得我們注意的是這些女人的受孕方式都是和「風」和「水」有關。

女子懷孕和風有關係是太平洋周圍文化圈共同的神話類型。日本傳說在東京灣南方海上的八丈島上，有一個女人國，這個女人國的女人就是每年南風吹來的時候，在太陽下裸體迎風而受孕的。此外日本的蝦夷族傳說又有女人島上的女人懷孕是因爲由於東風吹入女子陰部而受孕。又說女子注水入陰部然後站在風中搖動就會懷孕等等。這種將風和懷孕拼在一起的神話，和農業社會有不可分割的關係，農作

物的生長端賴東風和南風，因爲東風和南風的季節，是北方解凍的時候，也就是農作物收成最豐的時候。風，有了它，就有了生殖能力，有了收成。所以這種聯想，是相當具有邏輯性的。

至於生殖和水的關係，也是許多原始民族原始思想共有的。水，在古代人的思想裡是神秘的，通常初民的崇拜的大地之神往往就是水神。中國長江流域一帶有一個傳說：有一個女子在江邊浣紗，忽然有感而懷孕，生了三個怪物，像鯨一樣。這個女子就把這三條鯨放在澡盆裡養，經過三天，這三條鯨狀的東西漸漸長大，才看出不是鯨而是蛟子（蛟子即是幼小的龍）。有一天暴風雨，三條蛟子飛走了，不知所踪。

本文說了一大堆，引述了一大堆，不外想說明風水和中國農業文化的發展的關係。風水是先民心目中支配大自然的兩大力量，有着歷史的嚴肅背景和意義。我們今日所談的風水，已經是變了質的風水，和它原來產生的基礎，相去不知幾千里了。

第二節　古代性器崇拜與陰陽五行

陰陽和五行本質上是兩個不同的學說，經過長時期的發展和演變，才綜合為一；變成了說陰陽一定離不開五行，談到五行也必定涉及陰陽。

不論陰陽也好、五行也好，兩者和風水命理都有極密切的關係。甚至可以說沒有陰陽五行，根本不可能有風水、命理。

先來談談陰和陽。

我們今日所指的陰陽，是屬於抽象化的觀念，屬於形而上的範疇。但最初最原始的陰陽，根本就是最具體的象徵，像雌雄兩性，陰為雌性，陽為雄性。

很多人會問，為什麼一定是陰先陽後，雌前雄後呢？為什麼不叫「陽陰」、「雄雌」呢？

要知道人類社會的進展很多都先經過「母系社會」的階段，直至進入使用鐵器的農耕時代才進入「父系社會」。中國古書有太古時代的人「不知其父，只知其母」的記載。上古神話傳說中「煉石補青天」的女媧氏也就是原始母神。由母神而產生的男神只佔有一個從屬地位。母神信仰主要是基於對女性生殖力的崇拜而產生，由於先民的生存，有賴於土地農業的生產，因此「大地之神」也就是母神。今天出土的許多原始繪畫和土偶，都可以看出那些偶和繪畫多半是以女神爲宗敎崇拜的對象。裸體的女神、過分誇張的女性性徵，對「母系社會」中女性所扮演的重要角色，提供了顯著的證據。

《易經．說卦傳》說：「乾，天也，故稱乎父。坤，地也，故稱乎母。」天道是始生萬物之機，所以叫做父，地道胚育萬物，所以稱做母，在中國人的古老觀念中，大地生殖萬物，有如母親生育子女一樣，所以大地就是母親。

由「母系社會」和「母神崇拜」到「性器崇拜」，可以意會到農民對於生理知識的進步。考古學家郭沫若和高本漢，都曾就甲骨文字「且」字象形，解釋爲男性生殖器的象徵。近代張光直先生，曾經寫過一篇考古論文，叫做「華北仰韶期彩陶裝飾圖樣中的女陰紋像」。該文根據圖案所廣泛採用的「子安貝」花紋，兩頭尖、中間凸，縱着有一線分開的橢圓形或圓形圖案，認爲是女陰的代表。

古史學家趙鐵寒也曾在一篇有關夏圖騰的考證文章中指出農民的性器崇拜，表示在仰韶文化時期，先民已經具備了生人的生產知識，瞭解了性器官在生殖過程中的重要，進而擴大及於與性器有重要關係的構想，如交接、合作等等方面。此種知識越進步，神在生人過程中的神秘作用便越退縮，開始了以人爲本位的文化。《易經》中兩個最基本符號，「⚊」和「⚋」，有人認爲是男女性器的象徵，亦非毫無道理的。

陰陽的古字是「侌昜」，本來是指太陽照到和照不到的地方。後來再引申陽暖陰寒。到了春秋時代，陰陽進一步變成天所生六氣中之二氣，所謂六氣就是「陰、陽、風、雨、晦、明」。「六氣」和大自然的關係比較密切。牽涉到人事的附和還需等到戰國時代。在儒家的經典中，《論語》、《中庸》、《孟子》都沒有提及陰陽，甚至《荀子》中「天地合而萬物生，陰陽接而變化起」所提及的陰陽，也是和大自然的關係多，和人事的少。

至於本來用來占卜的《周易》，卦辭和爻辭亦無陰陽，卜筮僅是根據各卦所象徵的具體事物之間的相互關係來斷定吉凶。甚麼是八卦的具體事物呢，簡單的說，由三畫卦和六畫卦組成八八六十四卦，每個卦的基本單位是爻，由「⚊」和「⚋」兩個符號構成。三畫卦包括乾卦(☰)象徵天、坤卦(☷)象徵地、坎卦(☵)象徵水、離卦(☲)象徵火、巽卦(☴)象徵風、艮卦(☶)象徵山、兌卦(☱)象徵澤和震卦(☳)象徵雷。天、地、水、火、風、山、澤、雷都是具體的大自然，並沒有涉及人事。

《周易》到了孔子手裡，有了一個大突破，孔子用剛柔來解釋卦象，確立了陽爲剛、陰爲柔的抽象性觀念，而且將範圍越推越廣，陰陽變成無所不包的兩種相對狀態。宇宙間萬事、萬物、萬象無不是這兩種力量或狀態之相互影响而引致的。

諸子百家中的陰陽家，就是將陰陽學說綜合發展和推廣的第一功臣。他們用陰陽來解釋宇宙間的變化和興衰，認爲這兩者的互相影响亦有規則性的，所以宇宙也有一定的秩序。四季有春夏秋冬，一日有日出日落，人有生老病死；這種循環性的交替是按一定的規則進行，而且是永無休止的。所以一件事情的現況和未來，可以由另一件事的現況與未來決定；相互間的影响力可以預測、可以衡量。我們今日用

來替人算命的「子平術」，也是以陰陽作爲基本理論的。

命理學裡頭有所謂「陰男」「陽男」、「陰女」「陽女」之名稱。凡在陰年出生的男女，就屬陰男陰女，在陽年出生的，就屬陽男陽女。古人將記時的天干地支，分別配以陰性陽性十個天干(甲、乙、丙、丁、戊、己、庚、辛、壬、癸)，五個是陽干，五個是陰干。比如說一九八四年(甲子)，甲是陽干，所以在此年出世的屬陽男陽女，到一九八五年(乙丑)，乙是陰干，所以在此年出世的全屬陰男陰女。一個人一生要走的運程、是順是逆，和他在陰年陽年出生，有至密切的關係。

風水也離不開陰陽。筆者所學的堪輿家數，講究的主要就是「陰陽兩路行」。《地理辨正疏》《天玉經》說：「識得陰陽兩路行，富貴達京城。不識陰陽兩路行，萬丈火坑深。」可知風水首要在辨認陰陽，所有主要經典諸如《青囊經》、《青囊奧語》、《天玉經》、《都天寶照經》等，幾乎沒有一頁不提及陰和陽的。

陰陽之說，不只在中國學術、命理、風水上佔有極其重要的地位，幾乎無所不含，無所不包。時至今日，陰陽還有一種象徵性的意義，我們經常看到以陰陽爲中心，周圍繞以八卦的東西，據傳有辟邪的力量，很多道士袍的背部，都有繡上陰陽八卦圖，是否沒有八卦圖就會法力消失，不得而知，但是我們從歷史發展觀點來看陰陽的理論成長和應用，是一件很有趣味的事。

五行比起陰陽來說，是具體得多了，起碼很多人都知道五行就是「金木水火土」。我們跑到般含道香港大學工學院門口，就會看見一副對聯，提到了「金木水火土」五個字。

我們研究一個人的八字，主要推敲八字五行的衰旺、强弱和氣勢是不是流通。五行中和的命通常被認爲是好命，五行不全的命通常被認爲有所偏差。很多人口頭常掛着的一句話：「五行欠水」，似乎五行樣樣都可以欠，唯獨「水」不可以欠。其實這是對命理缺乏了解。假如一個八字需要水，而偏偏沒有，這當然不好；但如果八字不但不需要水，甚至忌水，那麼「五行欠水」就沒有什麼大不了，反而是好事。不過，一般人習慣以水爲財，所以「五行欠水」也變成「阮囊羞澀」了。

看風水也非要用到五行不可。有所謂「玄空五行」，又名「河洛五行」、「方位五行」、「天干五行」、「地支五行」、「三合五行」、「雙山五行」、「向水五行」（一說爲

「救貧水法五行」)、「八卦五行」、「洪範五行」、「納音五行」、「形狀五行」，名目繁多，有時也會因爲派系不同而有所輕重。五行是需要和方位、和八卦配合使用的。要看一間屋是否旺財，就要將屋的「宅卦」和入住者的「命卦」兩者所屬的「玄空五行」互相比較。「宅卦」的「玄空五行」生旺「命卦」的「玄空五行」，便是屋旺人，主生財；但假如掉過頭來，「命卦」的「玄空五行」生旺「宅卦」的「玄空五行」，那是人旺屋，主洩財，就算賺錢也會賺得特別辛苦的了。

「五行」爲甚麼一定要是五呢？難道不可以有六行、七行、八行的麼？要充分明白「五行」觀念的起源和演變，不能不從《尚書》說起。現存有關「五行」的最早文獻可能是《尚書．洪範》了。其中提到九疇。五行就是九疇的第一疇。文中對五行有這樣的說明：

一曰水、二曰火、三曰木、四曰金、五曰土。水曰潤下、火曰炎上、木曰曲直、金曰從革，土爰稼穡。潤下作鹹，炎上作苦，曲直作酸，從革作辛，稼穡作甘。

《洪範》給我們一個寶貴的啓示，古人並未有用五行來包括一切事物，因爲五行只不過是九疇中的一疇而已。至於古人爲何愛用五，劉君燦先生在一篇名爲「陰陽五行與中國傳統科技」的文章中引述了徐復觀先生的看法，徐復觀認爲人有五隻手指，所以古人爲求方便起見，就將五作爲事物的定數。其次，金木水火土原先亦不過是古人對生活上所用到的材料和物質所作的粗略歸納，並沒有抽象意味的。

但是，聞一多先生對五行的來源提出了一個與上述不同的看法。他寫了一篇文章叫「端午考」，指出五行中最基本的觀念是五方，而五方是一種社會政治組織型態的符號，兼宗教信仰的象徵。根據遠古圖騰制度的習慣，一個團族(CLAN)之下往往分爲數個支族。很可能古代奉爲圖騰的團族之下有四個支族，每支族又各爲一龍，共有五龍。四支族的四龍各分治一方，而以團族的一龍爲中央共主，所以五龍分治五方。這種說法和民間習俗在門口設地主有共通的地方。地主的神牌上面，就寫有「五方五土龍神，前後地主財神」，這說明了龍和五是分不開的，從圖騰的觀點來看，龍的數目一開始就是五，所以在圖騰社會的背景之下，「五」便成爲一個神聖的數目。

那麼「行」呢？聞一多認爲「行」字的涵義，就在字的形狀本身。行字古作卝，象徵四通八達的街道和方向。如果行代表方向，五行就是五方了。

姑勿論五行的最原始意思是五方也好，是五種平常生活使用的物質也好，隨着時代的演變，慢慢變得抽象化起來。金是一種銳利、剛强的機能表現；木則是一種成長、發展的機能表現；水是自由、滲透的機能表現；火是散發、放射的機能表現；而土則是一種厚重、雜陳的機能表現。我們用五行的抽象意義來推斷一個人的性格，通常都有六至七成的準確程度的。

其實五行最重要倒不是五種形態或元素本身，而是五行之間的相生相尅的關係。

先民從實際的生活經驗中，體會到木頭可以生火，火燒可燃之物變成灰燼歸土，土是各類金屬礦物的來源，將金屬器皿放置一段時間，因爲空氣遇冷會凝結成水點，用水灌溉，樹木得以生長。五行相生的關係就是由此而來。至於五行相尅，木尅土，土尅水，水尅火，火尅金，金尅木，亦來自生活體驗。樹木破土而出，所以木能尅土；築土成堤可防洪水，所以土能尅水；水可以滅火，火可以溶金，而金屬工具可以伐木成材。後世抽象化了的五行相生相尅關係也都是由具體的相互關係演化出來的。

金
木
水
火
土

第三節　風水先生的盲公竹——羅盤

很多人搞不清楚指南針和指南車的分別，常常錯誤地以爲指南針——中國四大發明之一，是軒轅黃帝發明的。《通鑑．外紀篇》記有下面一段說話：

> 軒轅徵師與蚩尤戰於涿鹿之野、蚩尤爲大霧，軍士昏迷，軒轅作指南車，以示四方，遂擒蚩尤。

筆者並非古史學家，但覺得《通鑑》這一段文字，太過充滿神話色彩，可信程度不高。第一，軒轅和蚩尤是否眞實存在過的歷史人物，已是史家所爭辯不休的問題。第二，蚩尤如果是人，那一定不是神，不是神就不可能變法術般做大霧出來令黃帝弄不清前後左右。姑勿論黃帝是否發明指南車，他絕對不大可能發明指南針，因爲那個時代還未有鐵。

如果黃帝眞有其人的話，他應該是屬於西元前二十多個世紀新石器時代初期的人物，但中國要到春秋戰國才開始進入鐵器時代，磁針又怎麼能在未有鐵的時候發明呢？

指南針是用天然磁鐵造成的，中國向來叫磁鐵爲「慈石」。中國在戰國時就知道磁鐵石有吸鐵的能力，但將磁鐵造成磁針，要等到西元十一世紀末期宋朝才有第一個可靠的記載。宋朝有一位叫沈括的寫了一本書叫《夢溪筆談》，其中有句話說：「方家以磁石磨針鋒，則能指南，然常微偏東，不全南也。」所以不完全指南方的原因，是由於所謂「地磁偏角」的磁場關係。沈括的關於磁針記載，相信是全世界關於磁針的第一個記載，因爲歐洲最早的紀錄，要推遲至西元一一九〇年才出現，至於地磁偏角，更要後至一四九〇年，比中國晚了四百年。

中國指南針的發明，要歸功於道家方士之流。沈括所說的「方家」，就是指方士。南宋末年有一本叫做《三柳軒雜識》的書，也提到「陰陽家爲磁石引鐵定南北」，可知道家對世界科學的發展，有很大的貢獻哩！

指南針最初的用途是航海定方向，由指南針發展到羅盤，還是後來的事。

羅盤對風水師來說，作用就相等於盲公的盲公竹，沒有了盲公竹，瞎子馬上「行不了也哥哥」；沒有一個羅盤，風水先生也看不成風水。看風水，主要看的是所謂「巒頭」和「理氣」；用現代的術語來說，「巒頭」也就是山川的形勢或者建築物的結構和附近環境的關係。「理氣」是研究在某一種特定時間和空間的條件之下，人類對地球磁場的反應，甚至天上星體的活動和人類精神狀態的影響。

羅盤，就是用來觀察「巒頭」和「理氣」的工具。

很多不懂風水的人，一看見羅盤就已經大叫吃不消，羅盤由一個又一個的同心圓圈組成，每一圈都排滿了密密麻麻的文字和符號，難怪初學風水的人，看羅盤有如看天書。其實，羅盤裡面所包括的資料，又豈止天書而已，實實在在是天書加地書。我們只要明白羅盤的字面上的意義就會明白，這個風水先生們倚之如左右手的堪輿儀器，綜台了不知多少古人的智慧和心血結晶。

羅盤，只是我們拿得起放得下，一個以木盤和金屬面組合而成的東西，但它的資料，原來的名字叫「羅經」。「羅」是包羅萬有，「經」是天經地義。所以羅經所載一

圈又一圈的資料，其實就是古人上察天文、下察地理、再配合人事的研究佈告書，所以說羅盤是天書加地書，實在沒有過分。

羅盤有大有細，由直徑二吋半的迷你羅盤到直徑十二吋的大型羅盤都有，市面上通常都可以買得到。不過請千萬別誤會羅盤只有一種，根據風水不同的派系，就出現了不同的羅盤，比較流行的「三元盤」、「三合盤」和一兩種由堪輿大師們自行創製的羅盤。不過，無論是那一派的羅盤，所載的資料都是大同小異，分別不多。

羅盤中央部分叫做「天池」，這是沒有特別意義的，大概因爲這個用來安放指南針的地方，圓圓的像長白山的天池罷。測方向就完全倚賴這個天池了，安放羅針是很考究功夫的，普通的羅盤，製造過程比較馬虎，所以羅針(指南針)經常震盪不停，對測方定向的準確性，多少都有影响。

第二層，即羅盤由中間數出的第二個圈載着先天八卦和後天八卦，就是乾、兌、離、震、巽、坎、艮、坤。先天八卦和後天八卦其實都是同樣的八個卦，但因爲排列的位置不一樣，所以有先後天之分。先天卦是根據古「河圖」而成，後天卦則傳說是周文王根據「洛書」而創製的。我們看見很多商店住宅掛着的八卦鏡，都是先天卦，乾（☰）在上，坤（☷）在下，但後天卦在上位的是離（☲），在下位的變了坎（☵），是不同的。

羅盤的第三層就是「洛書」九數了。談到「洛書」，不能不提到中國上古的一則神話。《易經．繫辭上傳》就說過：「河出圖，洛出書，聖人則之。」相傳伏羲氏的時候，有龍馬背負圖案，在黃河水面出現，這圖案就叫做「河圖」，先天八卦就是根據河圖排出來的。到了夏禹治水時，因爲禹爲國忘家，在治水的十年之內，三過家門而不入，他這種精神，使上天大爲感動，於是就在洛水，令一神龜浮上水面，龜殼上刻了一些圓點，這些圓點是分成一組一組排列的。中間的一組有五點黃色，近頸的部分有九點紫色，尾巴對上有一點白色，殼之左面有三點碧色，右面七點赤紅色。殼左上方近左脚處有四點綠色，右上方二點黑色；左下方八點白色，右下方六點白色。一共有九組圓點，圓點的數目由一點到九點不等，這就是所謂「洛書」九數了。這「洛書」九數在風水上的用處可大了，香港相當流行的一派風水，叫做「九宮飛星」，主要就是利用這「洛書」九數來做推算的基礎的。

關於龍馬背負河圖，神龜浮現洛水，因爲這兩句話出現於《易經》，所以就引起紛紛議論，有人把這視作神話，正統的易學家就認爲這是古代假託神道設教無中生有的故事；但亦有人認爲這是上古時代太空外星人到過地球，向地球人傳授知識的證明。台灣有位叫林宜學的作者，認爲龍馬可能是艘長形、像龍又像馬的潛水艇；而神龜，照常理推測一定是一架圓圓的像龜殼的潛水艇哩！

羅盤最有實用價值恐怕是它的「二十四山」了。「二十四山」所在的層數且不去管他，不同的羅盤，「二十四山」的層數也不同。這「二十四山」就是二十四個方向。我們知道，古人發明八卦，代表八方，但八方的範圍太廣泛了，所以將每一個卦再分成三分，一共二十四分，就是「二十四山」了。一個圓周有三百六十度，分成二十四山的話，每「山」就作十五度，如此一來，測定方向就更趨準確了。

古人爲求更加精細，所以除了有「二十四山」之外，再加上一層「一百二十分針」。這是將「二十四山」的每一個「山」，再分成五小部分，總共一百二十部分，用這「一百二十分針」來固定方向，當然更加準確了。

＊羅盤圖說

錢塘沈竹礽更正蔣盤簡式

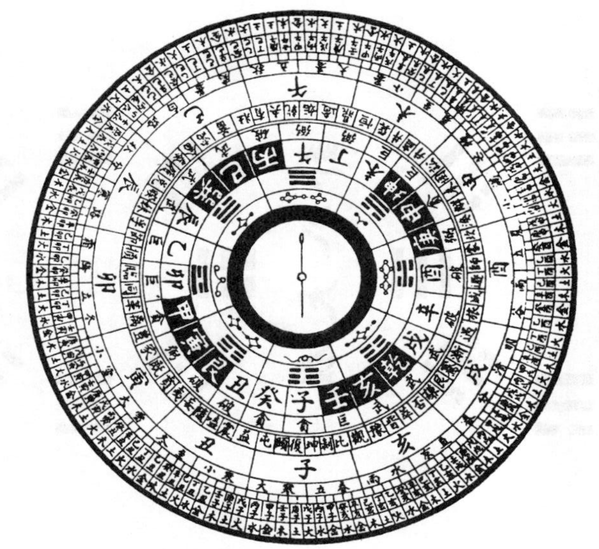

羅盤圖說

一層洛書二層先天八卦三層二十四山四層兼向替卦五層先天六十四卦六層十二次舍七層二十四候八層山向飛星六爻分金九層六十甲子納音分金

*先天八卦及後天八卦

先天八卦

後天八卦

相傳是唐朝唐筠松所著的一本堪輿經典之作《青囊奧語》，記載了兩句話：「顛顛倒，二十四山有珠寶。順逆行，二十四山有火坑。」這幾句話事實上是指羅盤「二十四山」再過一層的「火坑線」和「珠寶線」。這些線是堪輿家替人安葬時爲墓碑定向用的。

安墳做葬，假如得明師立「珠寶線」，主後代出聰明才智之士，兼具福澤深厚，得享富貴。假如不慎誤立「火坑線」，就會爲後代子孫帶來諸多不幸，不過，據筆者恩師陳泉公所說，倘若當令當運，立「火坑線」會有意想不到的好處。國父孫中山先生委身革命事業，歷盡千辛萬苦，始終功虧一簣。後來孫先生母親楊太君逝世，得地師在香港飛鵝山穴場立「火坑線」做葬，未幾辛亥革命一舉成功，這是一例。另外爲大多數所認識的華探長呂樂的祖墳，亦在飛鵝山，所立的就是「火坑線」，所以爲呂樂帶來暴富。這種運用得宜的立向線，又有一個名稱叫做「博殺格」，不過這始終是反常的，用得其所可以反禍爲福，不得其所則官司橫禍，一般堪輿師都是不敢輕易採用的。

對於安墳做葬（通稱爲陰宅風水）的影響力，本書另有專文討論，此處不贅。

羅盤另外一個重要的部分就是那些令一般人看得頭昏眼花的六十四卦和玄空五行了。六十四卦分別有「地盤」和「天盤」兩層。「地盤」是看陰宅用的，普通替住宅、商店、工廠看風水的所需要參考的是「天盤」。正如筆者在本書前言所說，這不是一本教人看風水的書，涉及卦的部分，不但令人頭昏，簡直使人頭痛，所以不想在這裡再花脣舌了。

「黃道二十八宿」和「二十四節氣」，這些和天文、四時有關的重要資料，對古代農民從事耕植有莫大的關係。這些資料都很齊整地排列在圓圓的羅盤上面。羅盤考妙的安排，將天文、地理、方向、卦爻、陰陽、五行都網羅在一個井井有條的系統之中，使人一目瞭然，筆者深信羅盤的價値，不只是用來看風水那麼簡單，認識羅盤有更深一層的意義，能使我們對古時代文明有進一步的瞭解。中國古代最講究「天人相應」，撇開其中的迷信部分，先民努力研究大自然的奧秘，尋求利用大自然的力量，希望將自然和人事之間，達致一個和諧共存的關係，在羅盤的研究之中，或者我們能探到一些端倪呢！

雖然每一個堪輿師在從事堪輿工作時，都會使用到羅盤，但由於派別分歧及功力的高低，所以有些堪輿師能夠充分地善用羅盤，有些則不但沒有好好使用，甚至誤用。

香港替人相宅看風水的，一般來說分成三種派別，或者比較正確的說法是，他們使用三種不同的方式。第一種是叫做「八宅」。這是最簡單的相宅方式。將一間屋分成八個方位，四個吉方和四個凶方。這種相宅方式大致起源於明代，主要的理論和方法多數在一本叫《八宅明鏡》的書中可以看到。採用「八宅」法看風水的堪輿師，對羅盤的倚賴最少，只需用到「二十四山」就可以了。據聞本港一位負有盛名的堪輿大師，用的就是這個方式，有時甚至懶得動身，叫人用普通指南針把正確的東南西北方位，註明在圖則上寫給他，由他「函授機宜」，眞是一個大笑話。

第二種相宅方式是根據「九宮飛星」的理論而來的，和「八宅」一樣，只需要採用羅盤很多圈中的其中一至兩個圈，那就是「二十四山」，有時會用到「一百二十分針」，至於羅盤的其他部分就沒有用到了。

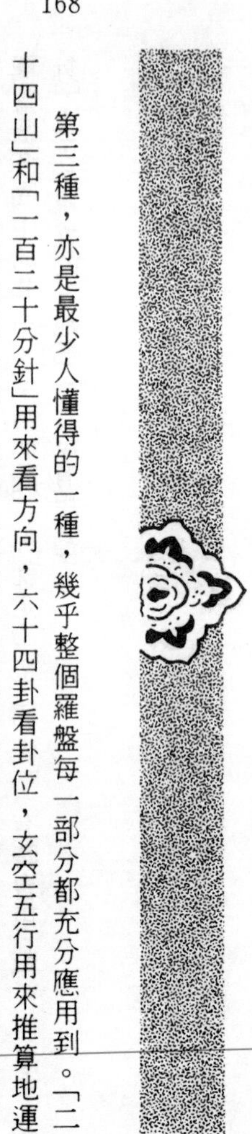

第三種，亦是最少人懂得的一種，幾乎整個羅盤每一部分都充分應用到。「二十四山」和「一百二十分針」用來看方向，六十四卦看卦位，玄空五行用來推算地運和人運，所以是比較詳盡的。再加上此派並沒有排斥使用「九宮飛星」和「八宅」，而且同時配合使用，因此準確程度就相繼提高了。

有時，要知道一個風水師是否有眞材實料，什麼也不用看，只需看他怎樣手持羅盤就知道了。正確的用法是將羅盤緊貼在身體胸部稍下平放，而且一定要保持水平；假如要測度住宅門向時(即出入大門的方向)，通常要以離門三呎爲準。這種正確的使用羅盤方法，當然是有理由的。因爲現在高樓大廈，全部都是用鋼筋水泥造成，大門又多有鐵閘，爲了避免受到天花和地板因鋼筋造成磁場的干擾，所以羅盤不可以放得太低，更絕對不能放在地上，否則度出來的結果，就會差之毫厘，謬以千里了。

第四節　照妖鏡憑什麽可以照妖？

——古天文學與彫塑藝術的結晶

風水先生說：「對面煞氣大，最好掛個鏡擋它一擋。」因爲很多替人看風水的都教人用鏡，所以外面圍着八卦的風水鏡，我們在街上隨便一抬頭都可以看得到。鏡，當然是用玻璃做的。不過這是指玻璃鏡。那麼，未有發明玻璃之前呢？這得要從漢朝說起。

中國社會的發展，到了商朝和西周，是銅器時代的成熟期，產生了優美的青銅器文化。東周前期開始出現鐵器，經過戰國、秦，到了漢代，鐵器急促發展，成爲勞動生產的必需品。青銅器的地位，漸次降低，不過，用銅造的銅鏡，却在漢代取得了輝煌的藝術成就。

銅鏡除了有日常使用的實用價值之外，漢朝上層社會還用之於餽贈、酬酢、頌

禱、紀念、殉葬，以至占卜氣運等。銅鏡的紋飾並非純屬供人欣賞，它具有抽象的涵義，更兼有驅邪辟煞的功效。漢人因爲相信鏡子的辟邪力量，所以無論婚喪喜慶，很多都以銅鏡互相餽贈。較爲富裕的人家，每有喪事，都在死者頭旁放上一兩面鏡作爲陪葬之用，一方面可以防止邪魔侵染死者屍體，另一方面則用來照亮墓室，帶來永恆的光明。

用鏡照妖辟邪在中國隨處可見，一般的住宅、商店都懸掛明鏡於門楣上。我們禁不住要問，鏡的魔力來自哪裏呢？

其實，古時候的人，對透明或有反射能力的物體，都認爲具有神秘力量。道教巫覡最常用的，除了符之外，就算水和鏡了。我們看《抱朴子》記載的一段話，就不難想像鏡在古代中國的神秘魔力：

萬物之老者,其精悉能假託人形,以眩惑人心,而常試人,唯不能於鏡中易其眞形矣。是以古之入山道士，皆以明鏡九寸以上懸於背後，則老魅不敢近人，或有來試人者，則當顧視鏡中，其是仙人及山中好神者，顧鏡中故如人形，若是鳥獸邪魅，則其形貌皆見鏡中矣！

這段文字的意思很簡單，中國人認爲萬物都可以成精，樹老了變成樹精，狐狸老了變成狐狸精，這些成了精的東西，總喜歡變成人形，變了人形的精靈妖怪，普通人肉眼是分辨不出來的，但在鏡中就自然原形畢露、無所遁形了。照妖鏡按上述《抱朴子》的一段話，其通靈能力只及於使妖怪露出眞面目，但驅邪鎭惡的威力，並非全然來自鏡的本身，而是鑄在銅鏡上面及背面的花紋和圖案，而和風水最有關係的就是星雲紋和「四神」的圖樣。

古人認爲風是天之氣，水是地之氣，所以風水學正統的名稱叫做「堪輿學」。「堪」就是仰觀天文，「輿」就是俯察地理。不過，古人對天文地理的注意，並非爲了研究風水，而是當代的農業社會，爲了想對操農業生產生死大權的大自然獲得進一步的了解，很早就對天文現象發生興趣。根據近人的考證，中國最早的一部天文書是《周髀算經》，成書年代大概是在西元前五七六至四五一年之間。其次還有一本《甘石星經》，是紀錄觀測西元前三六〇年代天文現象的專書。近年長沙馬王堆三號

漢墓出土的帛書中，發現了一幅天文書，內容長約六千字，記載古代五大行星活動的情形，前半部是「五星占」，後半部是「五星行度表」。這天文書的出土，證明了我國最遲到西元前二四六年（即秦始皇元年）以前已能測定五大行星的運動規律。後世的「五星術」就是據此而來的。

由於漢代天文學和占星術高度發達，所以天上的星象都被採用了作爲銅鏡的圖案，同時漢代農民往往需要借助星的出沒來判斷節令和氣候，以星雲紋來象徵日月五星亦是很自然的一件事。

古人長期研究天文和觀測日、月、五星的運行，先後選擇了黃道二十八個星宿作爲座標，稱爲「二十八宿」。古人根據二十八宿在春分前後的所在方位，分成四組，每一組聯想成一種動物的形象，這就叫做「四象」。這種將天上星座想像成爲動物的方式，和西方的十二星座很相似，比如說獅子座、天蠍座等等。四種動物的形象分別是青龍、白虎、朱雀、玄武。青龍位於東方，領七星宿：角、亢、氐、房、心、尾、箕；白虎位於西方，領七星宿：奎、婁、胃、昴、畢、觜、參；朱雀位於南方，領井、鬼、柳、星、張、翼、軫七星宿；玄武位於北方，領斗、牛、女、虛、危、室、壁七星宿。青龍白虎朱雀玄武四象共二十八宿。

在一九七九年，中國在發掘的一座戰國早期的曾侯乙墓裏，發現了二十八宿青龍白虎圖象，這也許是我國有關二十八宿和四象的最早紀錄了。

那麼，這四象又如何會變成有辟邪驅惡的神靈呢？我們上面說過，四象的產生，純粹由於星宿排列組合的形狀令人聯想起某一類動物，以青龍爲例，從二十八宿中的角到箕，看來就像一條龍，角像龍角，氐和房二宿像龍的身體，心宿就像龍的心臟，而尾宿就是龍的尾巴，原爲東方七宿總稱的青龍，因爲古代傳說龍可以飛天，那就很自然地變成神靈，鎭守一方，驅邪逐惡了。

龍向來和白虎合稱「龍虎」。龍在天，虎在地，虎是百獸之長。根據《後漢書・禮儀志》，我們知道漢朝的人迷信虎可以把鬼魅吃掉，在一般民間信仰中，虎更是鎭守天門的神獸，如此一來，本是西方七顆星宿總稱的白虎，又升級變成神靈了。因爲虎具有吃鬼的本領，所以我們經常可以看到很多住宅的鐵閘，都鑲上一個老虎頭狀的把手鐵環，有些鐵閘更不止一個虎頭，由此可知，現今很多在風水上用來擋煞的東西，都有它歷史性的神話來源和根據的。

龍、虎的形象，一般人都容易想像得出，龍雖然只可以在畫中看到，但要看老虎，動物園裏多的是。不過，「四象」中的其他兩象——朱雀和玄武，就未必人人都知道是何方神聖。其實，朱雀玄武也並不是什麼奇禽異獸，朱雀的造形和孔雀十分相似，只不過尾巴部分較爲簡化，冠部較爲誇張就是了。玄武是龜和蛇的合稱，換言之，是兩種動物而非一種。玄是北方的代名詞，武是龜甲，龜蛇合一就叫做「玄武」，通常在漢代的畫像和銅鏡中，龜和蛇往往都是交纏在一起出現的，極少是有龜無蛇，或者有蛇無龜的。從很多古籍中，玄武是北方太陰之神，我們常常聽見一些風水先生說：「前朱雀，後玄武，左青龍，右白虎。」那和上述的四象有什麼關係呢？其實，這是指方位。早在《禮記．曲禮》就已經記載了行軍的方位是前朱雀而後玄武，左青龍而右白虎，用這四種旗幟，象徵四方威力，可以統御四方，辟倒不祥。

漢代的墳墓，通常都可以看見四象銘刻於墓壁四方來保護中央的土地，每一個墳需要有守護神，所以來自天文學的四象慢慢演變的結果，變成了死者的守護神，也變成了方位的代名詞。

如果根據二十八宿四象的方位，青龍一定是東方，白虎一定是西方，朱雀一定是南方，玄武一定是北方。這些方位和四象是不可以混淆的。所謂「前朱雀，後玄武，左青龍，右白虎」是專指背北面南而言。一間屋，如果大門是向北方的話，那麼就會變成「前玄武，後朱雀，左白虎，右青龍」了。風水書上所謂犯了「白虎煞」，就是指屋的西方有煞氣，和老虎毫無關係，指的只不過是方位而已！

古時的照妖鏡是銅造的，所以能夠刻上不同的神象，賦予驅惡逐邪的威力。今時今日，鏡是用玻璃造的，沒法子可以把神像刻上去，結果就產生了「八卦鏡」。八卦本身只是一堆符號而已，但是經過道教的神化，八卦本身變成神聖的象徵，就差不多和西方基督教的十字架一樣，連吸血殭屍看見了也要退避三舍哩！

第五節　九宮格、九宮飛星

——帶你進入「九」數的神秘領域

除非沒有練習過毛筆字，否則對九宮格一定不會陌生。不過，肯定沒有幾個人問過老師，爲甚麼分成九格？又爲什麼每一小格叫做「宮」？究竟「九」這個數目，和「宮」這個字，是否有特殊的意義或來源？

流行中國民間的數學遊戲，比較爲人熟知的有縱橫圖(即外國所稱之方陣)、三五七、韓信點兵問題、七巧版和九聯環等等。最古老的縱橫圖起源於秦漢時候，分別有「九宮數」和「天地生成數」。在「九宮數」裏每行每列及對角線相加都得十五。在「天地生成數」裏按箭頭指示相加都得二十。「天地生成數」還有更奇妙的是，縱的一列，七減二是五，六減一是五。橫的一行九減四是五，八減三也是五。

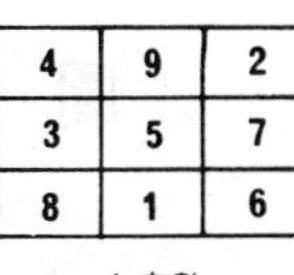

4	9	2
3	5	7
8	1	6

九宮數

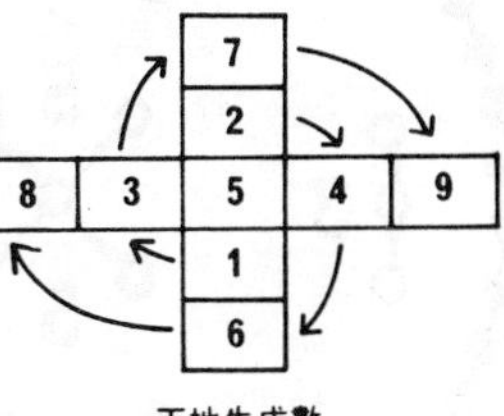

天地生成數

這兩個秦漢流行的民間數學遊戲，剛巧和風水中的「九數」和「九宮」不謀而合。

假如我們把九宮數的正方形，當作圓形的龜殼來看，九數是在龜頭對落，一數是在龜尾對上，那麼，九宮數裏頭的九個數目字，和傳說中「洛書」九數的位置，相同的。就謂「戴九履一，左三右七，二四爲肩，六八爲足」，不是很貼切嗎？

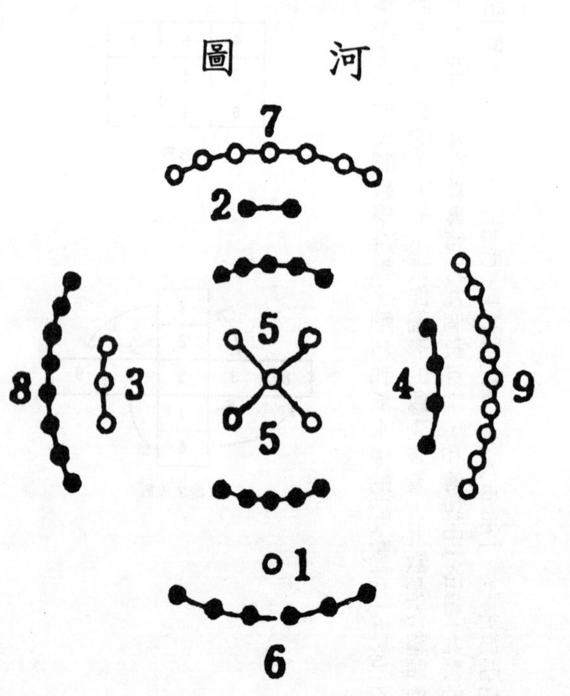
河圖
7
2
5
8
3
4
9
5
1
6

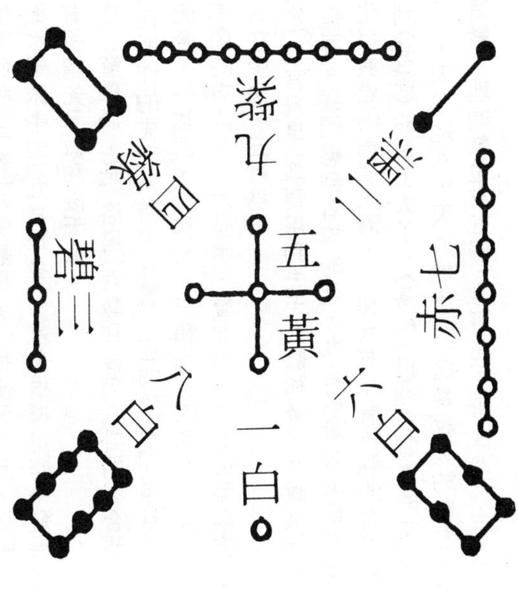

*洛書

後世堪輿學家們將「洛書」九個數目字，和後天八卦、陰陽五行等互相配合成一完整的體系。風水學派中的「九宮飛星」，就是根據這體系發展而成的。

風水學更有所謂先天數和後天數。

後天數上文已解釋過，是「洛書」九數和後天八卦的混合體，先天數則是「河圖」和相傳是伏羲氏所作的先天八卦混合體。它的排列和組合方式，和數字遊戲中的「天地生成數」脗合。一和六、二和七、三和八、四和九，分別分成四組，代表不同五行，亦象徵不同的方位。一六是水，屬北方，二七火屬南方，三八木屬東方，四九金屬西方，五在中央，五行爲土。

其實，不衹「九宮飛星」需要用到先天九數和後天九數來計算宅運，其他派系的風水理論同樣需要。我們感到有趣的是，九宮數最大的數目是九，最細的數目是一，在中國文化發展史的角度來看，一和九有沒有特別的含義呢？

這又要扯到《易經》的頭上去了。《易經》提過有關數的文字：「天一地二，天三地四，天五地六，天七地八，天九地十。」這是說天的數有五個：一、三、五、七、九，都是單數。地的數也有五個：二、四、六、八、十，都是雙數。天數始於一，終於九。而且由於《易經》有天尊天卑的說法，所以天數裏的九是最尊貴的。賭博遊戲「天九」，相信名字可能也是來源自《易經》。

從文化人類學的觀點來看，「九」這個數目字，和中國初民「天下一家」的文化觀是息息相關的。

周朝開始以「九州」代表中國或天下。相傳夏禹治平洪水，劃天下為九州。九州有多大呢？東周時有人詳詳細細的寫了一篇《禹貢》，告訴我們九州的地理位置、山川、特產、土壤等等。到了春秋戰國，中國人的天下觀漸漸逐步成熟。也許由於列國之間交通日趨頻繁，中國人與域外接觸亦日有增加，對九州的概念就產生了疑問。

《楚辭．天問》的作者屈原，就曾經問過九州到底有多大，又是怎樣安置在天地之間的，與此同時，流行着一種四海的說法，認為中國或者九州是被大海所包圍着的。《閎大不經》的騶衍就有大九州的說法。他說中國名叫赤縣神州，乃天下八十一分之一。中國之內分成九州，也就是禹所劃分的九州。天下間像中國這樣大的九州共有九個，乃大九州，每個大九州之外都有浩瀚的大海環繞着。海也分為兩種，一

種是裨海，是州外小海，小海之外更有大瀛海，大瀛海乃是天地的邊際的所在。

當然，以今日的地理知識來看當時的九州說，一定會感到荒誕不經，但將天下分成九個大九州，每個大九州又劃分爲九個九州，來來去去都繞着一個「九」字，爲什麼中國過去的人對九數這麼情有獨鍾呢？

*騶衍大九州圖

（採自顧頡剛「秦漢統一的由來和戰國人對於世界的想像」，《古史辨》第二冊，頁七。）

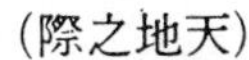

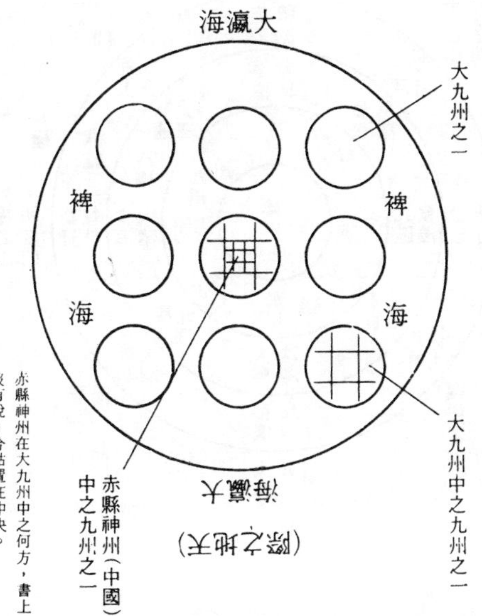

＊淮南子墬形訓裏的天下

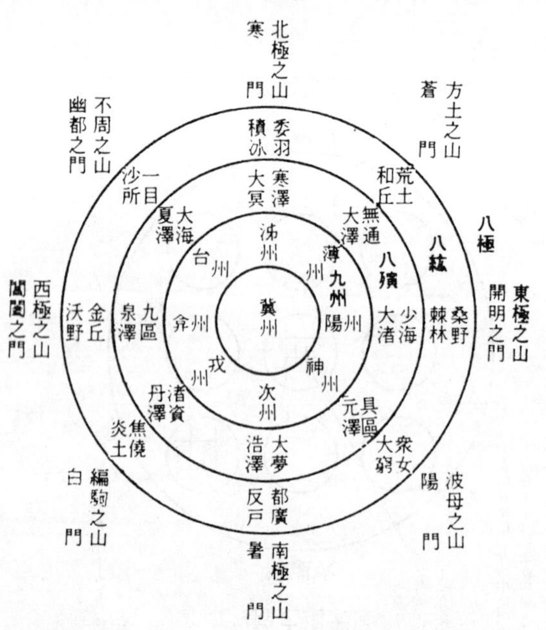

北極之山
寒門
委羽
積冰
寒澤
大冥
泲州
冀州
九州
八殥
八紘
八極
方土之山
蒼門
荒土
和丘
無通
大澤
薄州
陽州
少海
大渚
桑野
棘林
東極之山
開明之門
神州
具區
元澤
衆女
大窮
波母之山
陽門
次州
大夢
浩澤
都廣
反戶
南極之山
暑門
戎州
渚資
丹澤
焦僥
炎土
編駒之山
白門
弇州
九區
泉澤
金丘
沃野
西極之山
閶闔之門
台州
大海
夏澤
一目
沙所
不周之山
幽都之門

東拉西扯說了一大堆關於「九」的，該來說說「宮」了。「宮」就是宮廷的意思，相傳古代黃帝有明堂的制度，明堂亦即是古代天子宮室最初的名稱。漢朝時代有一班緯學家，認爲黃帝將明堂制度的大要，歸納在一部《九宮經》裏面。《九宮經》即使有，恐怕已經失傳很久了。近代堪輿學家吳師青在他的《樓宇寶鑑》中，也提過《九宮經》，是按「洛書」九數及其分佈的方位作爲蓋建天子宮室的基礎。但是，根據近人王國維所擬定的明堂宗廟平面圖，又似乎和九宮的方位不大脗合。

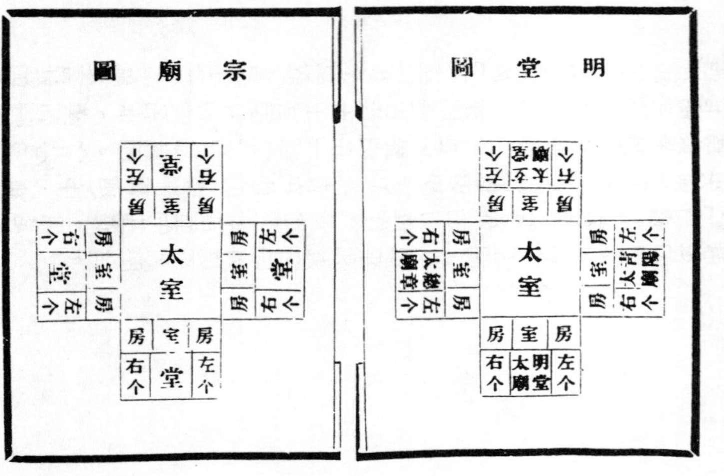

＊王國維擬定之明堂宗廟之平面形

（採自高去尋「殷代大墓的木室及其涵義之推測」）

不過，以宮當做方位的說法，如果我們參考流行於漢朝的星座觀念，應該可以獲得比較確實的證據。

古代中國的天文學是非常發達的，到了漢朝，由於有了較精密的測量儀器，對天文知識就更有把握。《史記．天宮書》把天體星象分成五宮，即中宮、東宮、西宮、北宮、南宮。東南西北四宮即四象，用四象以配四方，這明顯的告訴我們，宮，就是方位。

自從陰陽五行思想的普及和天人感應之說流行之後，古人的星座觀念，便以北極星爲中心，進而形成一種天上宮廷政府的假設。地上的政府和天上由星宿組成的政府遙遙相應。漢朝一代的占星術就是以天上宮廷政府的帝星作爲中心，以便進行觀察其他各星的運行；更用五行相生相尅的現象來解釋天上宮廷政府的變化，再根據這些變化去預測國家的命運、王朝的興衰、農業的豐收和災害等現象，以符合天人相應的說法。可惜占星術受到利用，變成政治的工具。

九，本來只不過是一個數目字。但不知從什麼時候開始，這個抽象的數，被堪

輿家們具體化起來了。九數變成了九星。

九星各有各的名稱和性質，其中有吉星也有凶星。一爲貪狼星，是九星中三大吉星之一，主官祿。二爲巨門星，主病痛。三爲祿存星，又叫蚩尤星，主口舌是非、官司訴訟。四爲文昌星，主登科甲第、加官晋爵。五爲廉貞星，亦名「正關殺」，在九星之中，這是顆最險惡的星。六爲武曲星，主財富威權。七爲破軍星，代表小人和盜賊。八爲左輔，主功名富貴。九爲右弼，這顆星吉者遇之，立刻發福；凶者遇之，凶上加凶，所以一般人稱之爲趕煞催貴之神。

九星之中，當然最得人喜愛的就是一、六、八三吉星了，這三顆吉星所到之處，通常都能化災禍爲祥瑞。廣東人最講究意頭，車牌號碼如有「一六八」三個字，如果拿去拍賣也特別値錢。無巧不成書，風水中一、六、八三星同稱「三白吉星」，不過一般人不知罷了。

以上九顆星，又有人附和爲太陽系九大行星，提倡這說法最有力的可推《宅運新案》的作者。《宅運新案》大概在民國十七年左右在上海出版，當時著名漫畫家豐子愷更譽之爲「東方之科學」哩！

姑無論九星是九大行星也好，是什麼星都好，根據風水的說法，他們在天上的位置，隨着不同時間而變動，對地球上人事的影響也不斷變更。計算九星相互間的關係和對地球的影響，是有一套完整的體系的。當然，計算的方法離不開五行生尅、陰陽順逆、住宅方位和坐向，再配合由住客的出生年推出來的「命卦」，才能斷吉凶、推宅運。

試想想，原來普通不過的九宮格，用來練毛筆字的九宮格，居然和數學遊戲、傳說中的「河圖」「洛書」、《易經》、古時的天文地理學、古代帝主宮廷設計，甚至風水都有關係，你能說這不是一件奇妙而有趣的事嗎？

＊九宮飛星斷宅法一例。根據坐向列出分佈八方及中央吉星凶星，此宅的方位是坐正北，向正南。原文及圖見《孔氏玄空寶鑑》，頁四三五。

子午下卦圖

師 12 5	乾 66 1	漸 84 3
豐 93 4	比 21 6	蠱 48 8
夬 57 9	履 75 2	嗑 39 7

灶位宜在震方，火門向酉，木生火，火生土也。又宜在兌方，火門向震，火生土，木生火也，又宜在坤方，火門向坎，木生火，火生土也，惟巽坎兩方不可安灶，一是病位，一是五黃，火門向艮爲火尅金，主口舌肺病血症；火門向離（向星是六）名火燒天，主出逆子。

合離宮打刼，震方不可見山見水（犯伏吟）且三九仝宮，主出人暴戾刻薄，應在長房。如向上之水响動，主失之子孫多頭暈病，因双六到向，乾六爲首也，陽宅巽方不可開門，二五交加，且水被土尅，主讀書人學成病生，水斷症，必夭折。

第六節　最受歡迎的風水神靈競選

假如我們舉辦一個十大最受歡迎吉神，你猜猜看那些神靈會獲選呢？

中國傳統社會是一個崇拜多神主義的社會。樹木老了成精是爲樹神，石頭附和多少傳說成爲石神，於是我們中國人一天到晚都忙個不停，爲神辛苦爲神忙，忙着拜神。

「不問蒼生問鬼神」是不信神的人說來嘲諷信神者的話。

「拜得神多自有神保祐」是信神的人的眞正目的。拜神並非出於紀念和敬意，爲的祇是求神賜福，降瑞消災。

中國人所膜拜的神靈，仔細數來，不下數百個，而且不同地域也有不同的神。這些滿天神佛，大抵來自下面幾種出處：中國神話裏頭的神、民間信仰和宗教結合所塑造出來的神，還有的是古時的忠臣烈士、英雄名人等。

有人說，最初是人塑造出多種神明，且賦予神各種相貌和力量；到頭來變成神明創造人，加諸他們種種能力，去展示神明的意旨。究竟是人創造神呢？抑或是人創造神呢？

神的起源不是我們要關心的事。

我們要討論的是一般人家、商店、工廠裏因爲風水問題而供奉的神。陽宅風水最講究的是大門。所謂「門爲氣口」，就相當於人的呼吸系統；要令家宅平安，當然不可以讓煞氣入戶，負責把守大門第一關的有門神。門神又稱門丞戶尉，前者爲左門的門神，後者爲右門的門神。

春秋戰國時代，民間就已經習慣在大門上貼上門神神像了。當時的門神，畫的是神荼和鬱壘。根據《山海經》、《荊楚歲時記》的記載，東海之邊有度朔山，山上埋有數不清楚那麼多的鬼，爲禍人間，神荼和鬱壘本屬兄弟，具有捉鬼的本領，伏在鬼出入之處，看一隻捉一隻，以葦索綑綁，拿去餵老虎。

既然神荼鬱壘力能驅邪治鬼，那麼他們自然是神了，否則何能治鬼？但是根據《封神榜》這本小說的記載，神荼鬱壘並非什麼神靈，而是棋盤山上的桃精柳鬼，因爲採納了天地靈氣和日月精華，所以有千里眼和順風耳的本領。初時投身紂王，奉命擒拿姜子牙，卒之要勞動李靖、哪吒等天將天兵，姜子牙更親自祭起神鞭，打將下來，才將這桃精柳鬼收伏。

神荼和鬱壘治鬼的本領是否高明，恐怕只有天曉得；但單看他們兩位的尊容，相信鬼都會被嚇倒。《封神榜》是這樣形容這兩位門神的：

一個面如藍靛腮如燈，一個臉似青松口血盆。

一個獠牙凸暴如鋼劍，一個海下髯鬚似赤繩……

到了唐代，又有新的門神出現了。據唐《三教搜神大全》所記：「門神，唐秦叔寶、胡敬德二將軍也。」相傳唐太宗晚年身體不佳，寢室外經常有鬼魅呼號，弄得夜不安枕，精神恍惚。太宗將鬼怪作祟的事告知羣臣，秦叔寶自告奮勇說願與胡敬德在寢室門外伺候。太宗准奏，當晚果然平靜無事。太宗因而命令畫匠將二人相貌，繪成圖像貼在門上，此後鬼怪一直再沒有出現過。後世因襲，秦叔寶和胡敬德

便成了民間家家戶戶的鎮門之神。

唐朝還有另一個著名的門神鍾馗。據說他不但捉鬼，還要吃鬼。比起神荼鬱壘、秦叔寶、胡敬德更加威風得多。

最受人歡迎的神，相信非財神莫屬了。

過去筆者替人相宅，最多人問的問題是：「這層樓旺不旺財？」本書很多地方，都有直接或者間接的談及風水和財運的關係，所以不打算在這裏再作重複。不過，家中安了財神，是不是就能夠旺財，相信很多人都有興趣知道。

談到財神，沒法子不聯想起已故的梁醒波。他替本港一間歷史悠久的銀行拍了個賀年廣告片，扮演的正是財神。他那大袍大甲的粵劇扮相，究竟是唐宋明哪個朝代的官服，恐怕沒有幾個人答得出。

財神應該由哪個朝代開始有的呢？有關財神的傳說很多，最接近梁醒波的老倌扮相的，應該是文財神了。文財神是文昌帝君，又稱「梓潼帝君」。《三教搜神大全》中說他在人生活了十七世，世世都是士大夫，所以看起來白面長鬚、錦袍玉帶、手執玉如意，十足一副富貴祥瑞的模樣。據傳文財神有個聚寶盆，盆上站着運財童子，左手托元寶，右手執令旗，脚踏銀珊瑚。財神爲天下衆生帶來的財，都是由聚寶盆來的。

有文財神，自然亦有武財神了。不過武財神在民間傳統習俗中，一直鬧雙胞；有人說是關公，亦有人說是《封神榜》中那位手握竹節鋼鞭、身騎黑虎、滿臉虬髯的趙公明。不過論威風，關公可比不上趙公明了。關公只得周倉和關平侍立前後，但趙公明手下共有四位財神使者之多，包括招寶天尊蕭昇、納珍天尊曹寶、招財使者陳九公以及利市仙官姚少司，堪稱陣容鼎盛之極了。

傳說中還有一個財神沈萬三，年畫中有些是貼聚寶盆的就是沈萬三。這個財神恐怕本港認識他的人就不多了。

坦白說，這麼多的財神，除了關雲長是歷史人物之外，其他全屬於子虛烏有。風水對生人的影響主要來自人與自然環境、磁場，室內間隔、方位等因素的配合，和傳說中的神話人物絕對沒有絲毫關係。假如家中裝了神，對人產生力量的話，這力量純粹是宗教信仰的力量而不是自然環境的力量。風水不是宗教，所以無論家裏

安了什麼神，神靈的影響只存在於人的心中，和風水是風馬牛不相及的。

話雖如此，中國社會受到道教和其他宗教的影響，每每將風水和驅邪押煞的神神佛佛扯在一起，使風水科學的一面受到掩蓋，這眞是風水的不幸。

以台灣一地來說，道士們驅邪押煞的方式通常有四種，一是豎立「石敢當」石碑，二是豎立阿彌陀佛碑，三是石獅，四是照妖鏡。

根據當地某些文獻所載：「凡巷陌橋道直衝人家住宅，冲稱兇煞不利。每立小石碑一個，上刻石敢當三字，取所向無敵之義，謂可鎭百鬼災殃。」台灣一般放置石敢當的地方是在住宅門前、小巷入口、三叉路口直衝之處、河流池塘岸邊以及村落入口等地方。石敢當的碑文，有些只有簡簡單單的「石敢當」三個字，有些寫着「泰山石敢當」五字。比較隆重的還在碑上刻上鎭邪符。

本來石敢當的鎭邪觀念來自中國的道教思想。中國東嶽泰山，被認爲具有靈氣，能鎭押任何邪魔外道，所以石敢當多數有冠上「泰山」兩字。但我們翻看《魯班經》，上面也有記載石敢當的文字，而且相當詳盡：

凡鑿石敢當須擇冬至日後甲辰、丙辰、戊辰、庚辰、壬辰、甲寅、丙寅、戊寅、庚寅、壬寅。此十二日，乃龍虎日，用之吉，至除夜用生肉片三片祭之，新正寅時立於門首，莫與外人見，凡有巷道來冲者，用此石敢當。

究竟石敢當是魯班所創抑或道教所創，眞是一個頗有趣味的問題。阿彌陀佛是觀世音菩薩的化身，臉貌凶惡，充滿殺氣，所以台灣的道士們有時會用刻有阿彌陀佛像的石碑來代替石敢當。至於道士何以求之於佛來驅煞，又是另一個有趣的問題了。

獸牌和照妖鏡，比起石碑來就細小多了。獸牌有石刻、木雕及銅鑄幾種，牌上通常刻上獅子頭，獅口咬着一柄劍，獅頭還有一個太極八卦，樣子兇猛，令人生畏。照妖鏡俗稱「白虎鏡」，又稱「倒鏡」，亦即是凹鏡，所以人與物在鏡中都成倒象。獸牌和照妖鏡，同樣是要來掛在住戶的門楣上方，藉以鎭攝邪魔，使不能進屋爲患的。

除了上述幾種方式之外，鄉下地方最常見的應該是道士們印製的鎭宅平安符

了。神符看來只是薄紙一張，其實每一張符都代表了道教中的某一位神，不同的神也具有不同的神力。神符是否靈驗有效，因爲涉及宗教，超出本書範圍以外，不擬多說。但神符却代表了中國書法藝術一個獨特的傳統，字體的造型、設計和組合充滿了濃厚的東方藝術色彩。假如撇開神符的宗教意識不談，每一道符都不失爲一件書法珍品，值得再三欣賞。

附錄　驗證的科學

——建基於磁場論的陽宅風水

很多人認爲風水是迷信。

筆者以前未開始研究和學習風水之前，也有這種武斷的想法。

和很多從事科學工作和研究的朋友談起風水，令筆者感到驚異和欣喜的是，他們並不如一般「不信」風水的人一樣，武斷地否定了風水；反之，他們對風水都保持了一個比較客觀的看法。

風水在某一程度上，和科學的實驗結果有不謀而合的共通處。其中之一就是磁場對人構成的心理和生理的影響。

風水是絕對講究人和磁場的關係的，否則根本不需要發明羅盤，不需要使用到方位和方向。我們都知道，方向和磁場是有着最直接的關係的。可惜中國古人雖然

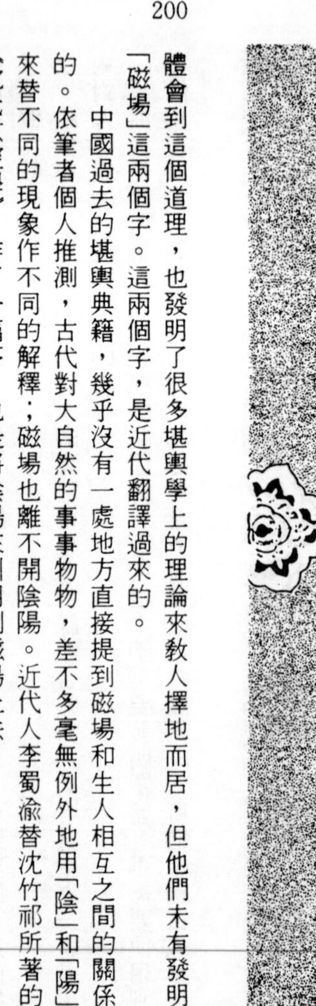

體會到這個道理，也發明了很多堪輿學上的理論來教人擇地而居，但他們未有發明「磁場」這兩個字。這兩個字，是近代翻譯過來的。

中國過去的堪輿典籍，幾乎沒有一處地方直接提到磁場和生人相互之間的關係的。依筆者個人推測，古代對大自然的事事物物，差不多毫無例外地用「陰」和「陽」來替不同的現象作不同的解釋；磁場也離不開陰陽。近代人李蜀渝替沈竹礽所著的《沈氏玄空學》，作了一篇序，也是將陰陽來引用到磁場上去：

整個宇宙爲大磁塲，任何存在其中之體，均帶電荷，以地球對天而言，天爲陽極，地屬陰極，陰陽電荷平衡而相交則生，所謂陽者，並非絕對的陽，蓋亦含陰方可成其陽，地屬陰，亦非絕對之陰，兼含陽始可凝聚成陰；地球南北極爲磁束，東西分佈六線磁道，合計爲八線，以地球對其他八行星各相對而言，亦有其不同之磁性，是故磁道係隨其他八行星之運轉而變化……地之結成龍穴者，在於陰陽交凝而已，猶如電燈，倘兩端爲陰則不亮，兩端接陽無回路，兩端各值陰陽，燈則發光，故凡結眞龍的穴，內必有俱（具之誤？）生機之太極，無論陰宅陽居，凡於其上者，將受電磁感應，生生不息，倘以陰基祖塋為例，其骨骸成分與其子孫之血統為一系，電荷頻率相同，故子孫受其感應；陽居者，更為直接，倘受交感而平衡之電荷，其心身必健康，生活愉快，天資聰慧，思考周密，反應敏銳，往往人未知而己先知、人未覺而己先覺……先哲之所謂開門立碑為首務者，納陰陽也，以分日之科學觀點而言，猶如收音電視機之天線，接收電波而已……

上面對磁場與人的關係，當然只限於以陰陽學說作立論基礎。為了對這個問題有進一步的認知，筆者曾訪問過一些地理及地質學的專家學者，得到的結論是：

(一)人本身就是磁場，甚至無生命的物體也具有磁場；

(二)不同的間隔，就會造成不同的磁場。

根據電磁學的理論，凡物體，包括死物在內，都有磁場；科學家曾經做過一個

實驗，用鐳射光打在金屬上，彈出電子和原子，這個實驗，肯定了金屬具有磁場。人本身是碳水化合物，我們的血液含有鐵質，我們的骨骼含有鈣質，由於人本身就是一個磁場，所以人對天然磁場，當然會產生自然的感應。英國曼徹斯特大學一位動物學家羅賓貝克博士，對生物磁力感應，頗有研究。爲了探討人類對磁力感應的能力，進行了一項別開生面的實驗。

羅賓貝克在學校中挑選了一批學生，讓他們全部戴上眼罩，把雙眼蒙蔽起來，然後把他們放在一輛車子上，在曼徹斯特市內大兜圈子，令他們不知自己身在何方。當車兜了數十個大圈之後，他吩咐學生把眼罩除去，並叫他們當時立即指出大學宿舍所在的方向。跟着，羅賓貝克又進行了一個類似的實驗，但這次却沒有要求參與實驗的學生們戴眼罩。兩次實驗結果顯示，學生們經過兜圈之後，方向感雖然有相當程度的混亂，但大部分人仍然能非常準確地指出宿舍的位置。

稍後，他再進行了另一次測驗。這一次，他讓每人戴上一個置有電磁鐵的頭盔，同時加上眼罩。當車子兜了多個圈子後，發現受驗者幾乎全部失去方向感，差不多沒有人能正確地指出宿舍的方向。

羅賓貝克對這個實驗所作的解釋是，每一個人體內都有一個「生理羅盤」，這個「生理羅盤」能幫助人對自然的磁場產生感應，從而具備辨別方向的能力。但當戴上有電磁鐵的頭盔後，體內「生理羅盤」對磁場的感應受到干擾，所以辨別方向的功能就被破壞了。

在最新的科學研究中，對人類體內磁場的發現，又有了更新的進展。科學家們發現人類體內的「骨彎槽」部位，具有磁力，這是否就是人類「生理羅盤」所在，當然還是有待證實的。

因爲人本身具有磁性，所以對地球磁場或星體的電磁波，經常產生一種微妙的作用。如果所產生的是一種「調和作用」，當然是好的，但假如不協調的話，人的心理、甚至生理都會受到不良影響了。中國風水雖然從來沒有提過「磁場」兩個字，但風水講究人和方向、方位、間隔等的配合，這和「磁場論」是不謀而合的。據傳拿破崙每晚睡眠只有三小時，但他的三小時却相當於普通人的八小時。秘密就是他每當睡眠時，總是頭朝北、脚朝南。也許因爲拿破崙本身所帶的磁性和磁北的力量互相協調，所以他的三小時睡眠，就能達致最高的休息效果。不過，並非每個人都帶同

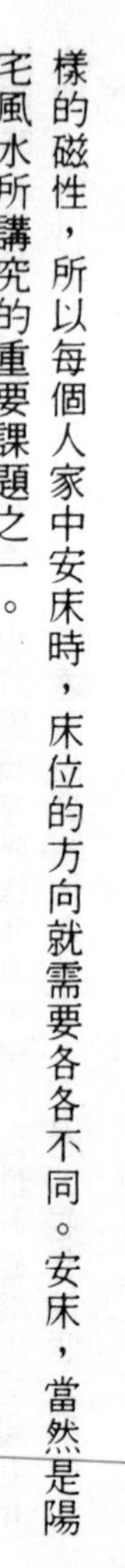

樣的磁性，所以每個人家中安床時，床位的方向就需要各各不同。安床，當然是陽宅風水所講究的重要課題之一。

法國東部梅候斯的一位健康專家莫高，以長期性失眠的患者做對象，發現地球磁場對睡眠是有直接的影響的。

莫高指出，地球表面由二點五米乘二米的長方形地下磁場網構成，由於磁力不斷改變，所以在兩道磁場的接觸點，會產生一種巨大的力量，干擾人類的生理磁場，因而影響睡眠。莫高更認爲現代的高樓大廈因爲主要用鋼筋建造，所以集中了有害的電磁力，而合成物料則儲藏靜電，使人的精神平衡深受困擾。

其實，不但鋼筋和合成物料以至地面磁場影響人類健康，我們日常用的電器用具，甚至電線都對我們健康有損。西德國際生物研究學院的科學家，最近提出了一個報告，指出大部分居住於設置有高壓電線、雷達探測站或高壓電流變壓器附近的居民，大多數比較容易情緒低落，身體免疫系統亦比較易受到破壞。原因就是當高壓或强力的電流通過電線時，會產生一個電磁場。這電磁場和地球的天然磁場產生交互的作用，間接地影響了人體內血液中氧氣的壓力，導致神經系統出現不規則的變化，因而削弱了人類抵抗疾病的能力。即使是普通家庭所使用的電器或細小電線，一樣會產生電磁場，對人體造成某一程度的影響。

根據研究報告，一般受電磁場影響而產生的病徵，最常見的有失眠、心跳不正常、出冷汗、暈眩、精神不集中、情緒低落、精神緊張和心理恐懼症等。

那麼，要減輕或者抵銷這種來自電磁場的影響又有什麼好法子呢？科學家們建議把家中的傢具作適當的搬動，使較厚重的較大的傢具，遮擋電線；同時盡量和電器電線等保持適度的距離。很多時風水先生在替人看風水時，也會建議宅主將床位或傢俬位置調動的，雖然建議是根據風水理論做出來，但這就已經值得我們研究了。風水理論有關方位、間隔等，和科學的磁場理論，其共通點在那裡呢？是不是風水理論中已經包含了磁場對人的影響呢？

談到了方位，就不能不提神秘的埃及金字塔了。金字塔的奧秘，也許就在它本身的方位、比例和結構。上文說過，不同的方位和間隔會造成不同的磁場，不同的磁場，對磁場內的人和事物都會構成不同的影響。中國的風水之說，特別是陽宅，

講究的正是方向、方位、間隔和結構，這證明由古人傳到我們手上的風水堪輿學說，並不是天方夜譚，無的放矢的！

我們先來看看金字塔多少年來吸引無數人好奇和揣測的原因。近代至少有兩位專家對金字塔的秘密，做過不同的實驗。最著名的就是「麥克魯漢試驗」了。麥克魯漢是位電子專家，他按照金字塔的比例，用紅色塑膠玻璃，造成了一座十八英吋高的模型；然後將一塊牛排和一片鈍得不能再用的刀片，同時放置在金字塔模型底層的南北軸線交界處。前後等了二十天，結果牛排依然和二十天前一樣新鮮，而刀片更恢復了原有的鋒利！

另外有一位美國的建築師占士俄納，在過去十年中，不斷利用他的專業知識，按照金字塔的比例，造了大大小小不同的金字塔模型，其中一個較大規模的試驗就是在伊利諾州進行。他建造了一座高度相當於六層樓高的金字塔，完全按照埃及支奧斯金字塔的形狀，只不過比原來的體積縮細了九倍；他並且在房屋的外框，刻上古埃及神像及象形文字。金字塔建成後不久，神奇的事就一件跟着一件相繼發生了，金字塔的地窖突然湧現一道噴泉，噴泉的水澆在植物上，能使植物的生長速度比正常快八倍；同時鷄隻飲用泉水後，生長速度亦比平常的增快四分之一左右。

這些難以解釋的現象，是不是一定和金字塔的結構方式、比例、方位有關，我們不敢肯定，也未有足夠的證明來作科學上的肯定。但間隔、方位、磁場對物體的影响，是絕對存在的。

有間隔就有磁場，這是肯定的。

因爲物體（指死物）亦有磁場，所以將物體擺放在某一固定間隔之中，立即會引起兩個磁場的交互反應，繼而改變了原有磁場的模式。

不同的物體有不同的磁場，所以不同的物體放在相同的間隔之內，由於磁場與磁場之間的交互反應不一樣，結果也不一樣。

以上都是電磁學最基本的常識。而且指的都是物體（不是生物）對某一特定磁場的關係。至於這種磁場理論，是否可以應用到人的身上，科學上暫時還未有確實的答案。我們只可以說，可能性十分高，因爲人體本身就是一個有機體，所以也是一個磁場。

假如上面所說的「可能性」成立的話，那麼，中國風水學中有關人和屋要相配的說法，就有了科學的根據了。

我們替人看風水的時候，除了要看屋本身的風水外，還要看誰要住進去。「屋運」是要和「人運」相配的，這是風水用的術語。或者我們可以借用電磁場的理論說，人的磁場要和屋的磁場相協調。相信讀者必定聽說過，有時同一層樓宇，甲戶住進去，家宅平安，和氣生財；但換了乙戶搬了入去，立即諸事不順，事非口舌，接喋而來。這可能就是由於磁場的協調出了問題了。

傳說風水派別很多，所以關於人命配屋的看法也很不一致。

最多人熟悉的就是「八宅」派中所提出的「東四命配東四宅、西四命配西四宅」。

「宅」就是指住的房屋，或者樓宇，「命」就是人的命卦。

為了使讀者容易明白，筆者盡量避免採用專門術語，除了在無可避免的情形之下。讓我們先說「宅」。

「八宅」將屋（或樓宇）分成八個方向，東四宅和西四宅各佔四個方向。「東四宅」包括坐正東向正西的「震」宅、坐東南向西北的「巽」宅、坐正南向正北的「離宅」和坐正北向正南的「坎」宅。假如你不明白坐和向的分別，很簡單，請站在你府上的大門前，面對着大門，那麼，閣下面對的方向就是「向」，背着的一方就叫「坐」了。

「西四宅」包括坐東北向西南的「艮」宅、坐西北向東南的「乾」宅、坐正西向正東的「兌」宅和坐西南向東北的「坤」宅。

「八宅」是根據坐向和八卦配成的，人的命也是利用出生年和八卦配成的，「宅」和「命」兩者有了一個共通點，就是八卦。人命按八卦，亦分成八種。包括東四命的「震、巽、坎、離」和西四命的「乾、兌、坤、艮」。下面的一個「男女出生年命卦表」，將過去三十四年內出生的人，各人所屬的命卦都列得清清楚楚。讀者如果沒有耐性理會八卦，只需查出自己是「東四命」抑或是「西四命」，就懂得將自己的「命」和「宅」相配，總之記着一個原則，「東四命」的人配「東四宅」最適宜，「西四命」的人住「西四宅」最恰當。

男女出生年命卦表

出生年	男命	女命
一九五一	巽卦、東四命	坤卦、西四命
一九五二	震卦、東四命	震卦、東四命
一九五三	坤卦、西四命	巽卦、東四命
一九五四	坎卦、東四命	艮卦、西四命
一九五五	離卦、東四命	乾卦、西四命
一九五六	艮卦、西四命	兌卦、西四命
一九五七	兌卦、西四命	艮卦、西四命
一九五八	乾卦、西四命	離卦、東四命
一九五九	坤卦、西四命	坎卦、東四命
一九六〇	巽卦、東四命	坤卦、西四命

一九六一　震卦、東四命　震卦、東四命
一九六二　坤卦、西四命　巽卦、東四命
一九六三　坎卦、東四命　艮卦、西四命
一九六四　離卦、東四命　乾卦、西四命
一九六五　艮卦、西四命　兌卦、西四命
一九六六　兌卦、西四命　艮卦、西四命
一九六七　乾卦、西四命　離卦、東四命
一九六八　坤卦、西四命　坎卦、東四命
一九六九　巽卦、東四命　坤卦、西四命
一九七〇　震卦、東四命　震卦、東四命
一九七一　坤卦、西四命　巽卦、東四命
一九七二　坎卦、東四命　艮卦、西四命
一九七三　離卦、東四命　乾卦、西四命
一九七四　艮卦、西四命　兌卦、西四命

一九七五	兌卦、西四命	艮卦、西四命
一九七六	乾卦、西四命	離卦、東四命
一九七七	坤卦、西四命	坎卦、東四命
一九七八	巽卦、東四命	坤卦、西四命
一九七九	震卦、東四命	震卦、東四命
一九八〇	坤卦、西四命	巽卦、東四命
一九八一	坎卦、東四命	艮卦、西四命
一九八二	離卦、東四命	乾卦、西四命
一九八三	艮卦、西四命	兌卦、西四命
一九八四	兌卦、西四命	艮卦、西四命

根據右列「男女生年命卦表」，查出自己命卦之後，很容易就可以算出宅中吉方

和凶方。四吉方就是生氣、天醫、延年、伏位；四凶方就是絕命、五鬼、六煞、禍害；四吉方宜開門，包括大門及房間的門、床位、灶向、神位等。凡是凶方只適宜作浴室、厠所、灶座、士多房的方位；吉方和凶方絕對不能混淆使用。舉個例說，一個一九六〇年出生的男命，是東四命，屬於「巽」卦，宅中之東、東南、南和北方對於他來說都是吉方，因爲東爲延年位，東南爲伏位、南爲天醫、而北爲生氣位，選擇以上四個方位作主人房、書房及灶向，對他都很有利。假如大門也是落在四吉方之一，就更吉上加吉，因爲陽宅最重視大門，以大門作爲生人納氣之口。好比我們呼吸系統的「鼻孔」；如納入的是吉氣、自然祥瑞多福；如不幸納入者爲凶氣，而屋內間隔又配合不得宜的話，每每招凶惹禍，所以我們稱大門爲「氣口」，無論那一家那一派的風水學說，都十分重視「氣口」的吉凶的。

下面附列八個簡單易明的圖表，分別列出每一命卦的四個吉方和凶方所在。中間一字是宅主的命卦，圈內是八個宮位，如讀者對於乾、坎、艮、兌等宮位不甚瞭然的話，大可直接參看圈外和八宮比對的方位和吉凶。比如說，你是東四命人，命卦爲離，那麼請參看中間有「離」字的圖表，八個方位，四吉四凶，一目瞭然；如果

你是西四命人，命卦爲坤，你只需參看中間有個「坤」字的圖表就可以了，因爲其他的七個圖表和你都沒有絲毫關係的。

東四命

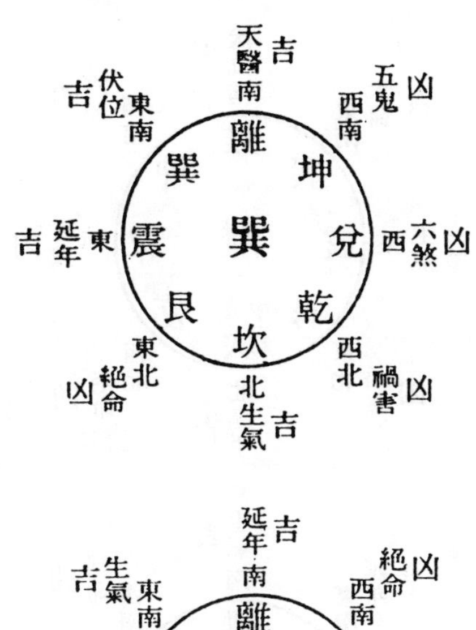

*顯示各命卦吉方和凶方所在的圖表

東四命

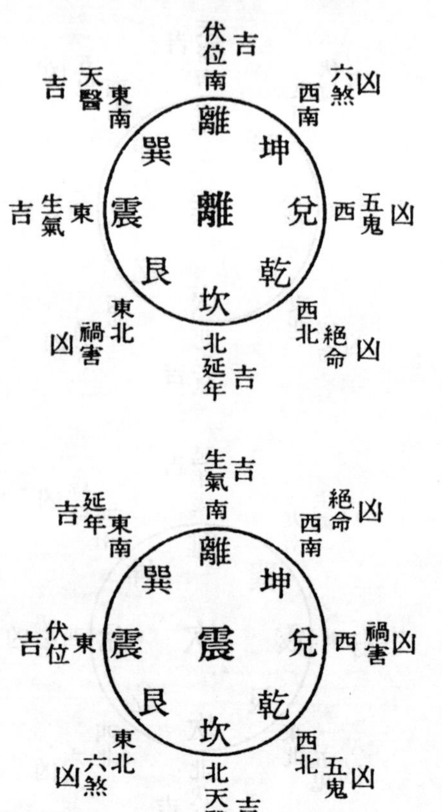

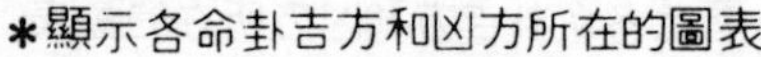
*顯示各命卦吉方和凶方所在的圖表

西四命

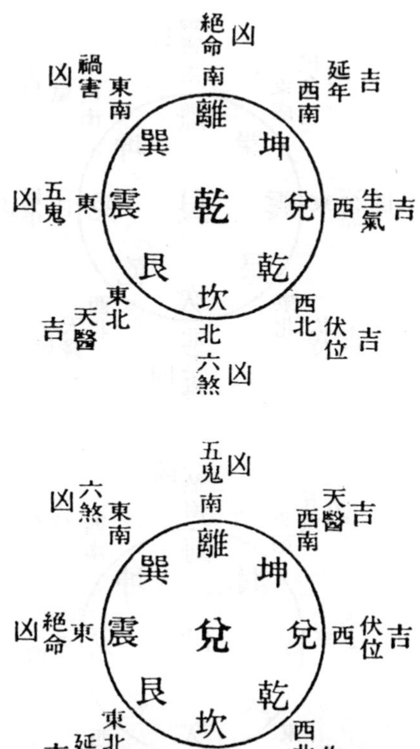

*顯示各命卦吉方和凶方所在的圖表

西四命

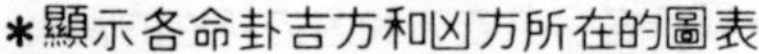
*顯示各命卦吉方和凶方所在的圖表

住宅之分爲八個吉凶方位，必須有一個標準的中心點，這個住宅的中心點的定位法，就是風水家所謂「立極」了。一般來說，「立極」是採取「中央立極法」，無論是三數百呎的小單位，以至二三千呎的大單位，都絕對不會因面積大細而影响立極的方法。立極首先要有一張樓宇的圖則，如果沒有建築公司的圖則，自行繪製一張亦可；其法是在樓宇的圖則上，劃出兩條對角線，兩線的交叉點就是中央。此中心點之東爲東，此中心點之西爲西，餘此類推，八個方位就可以輕而易舉地找出來，然後再按圖索驥，根據本身所屬「命卦」，比對每個方位的吉凶。不過，香港的住宅樓宇，並非通通是四平八正的，遇到不規則的宅型，（如太古城海景花園全屬不規則的所謂鑽石型），立極的方法就較爲複雜，也非三言兩語可以在這裡說得明白，只好略而不談。

一層樓有一層樓的中央點，同樣道理，一間房也有一間房的中央點。換言之，在每一間房之中，也可按照自己所屬命卦查出房內四吉方和四凶方。這是在安床的時候所必須應用到的。

以上說的自我相宅法，只是一種非常粗淺的相宅方式，純粹是《八宅明鏡》所談的方法，代表了明、清兩代對陽宅風水探討的成果；不過由於《八宅明鏡》到今時今日，依然十分流行，即使以「三元玄空學」爲主的風水師，在相宅時也會加以混合使用。

從磁場論來看「八宅」，也許不無道理。不同年份出生的人，因爲受到太陽系星體運行對地球的影響，具備有不同的「磁性」。「八宅」將人分成八種，等於說有八種不同「磁性」的人，理想的居住環境，當然是要和自己「磁性」調和的。「宅」的「磁性」由坐向決定，人的「磁性」由出生年決定；兩者磁性的協調與否，就是決定風水好壞的一個主要因素。當然這種說法，只是筆者站在科學的角度去替「八宅」作一個現代化的解釋。是否屬實，只好有待更多的研究和證實了。

「八宅」在風水派系中是最簡單的，也是比較機械化的。所以有人對「八宅」表示懷疑，甚至嗤之以鼻。以《沈氏玄空學》爲宗的「九宮飛星」派，就將人命根據出生年分成九種，來配合「洛書」九數。所以人有一白命、二黑命、三碧命、四綠命、五黃命、六白命、七赤命、八白命和九紫命。另外更複雜的是將人命出生年的干支，配以先天六十四卦中的一個卦。比如說一九八四年出世的人，生年干支爲甲子，所配的卦屬「坤爲地」卦：

1 ☷☷ (一) 坤爲地

至於住屋的坐向也是配了卦來計算的：一層坐西北偏北向東南偏南的房屋，坐方所配的卦是：

8 ☳☷ (八) 雷地豫

向首所配的卦是：

2 ☴☰ (八) 風天小畜

把人出生年和住屋坐向都配了卦之後，一間屋是不是吉屋，風水好不好，可不可以旺丁旺財就要計算卦和卦之間的相互關係，計算方法十分之複雜和深奧，三言兩語，是無法向讀者交代清楚的。總而言之，每一家風水先生都會說「人要配屋，屋要配人」，但因爲配的方式不同，所以派系之間的歧見，亦由此而產生了。

後記

「予豈好辯哉！予不得已也！」

這是孟子答覆公都子的話，記錄在《滕文公章句下》。

這位戰國中期的儒家代表人物，一生周遊齊梁等國，仁義之道，乏人問津，但卻換回來一個「喜歡辯論」的評語。

孟子的好辯，是否眞的不得已，姑且不去管他；但辯論容易得罪人，是可以肯定的。

我這本小書，在某一層意義上也可以算是「辯論」，替風水有價值的一面辯護，同時也絕不替個人無法認同的一面掩飾。

個人對風水命理的研究，純粹出於好奇心和求知慾。

爲的是替「風水命理究竟是什麼一回事」這問題求答案。這本書五章共二十三節，都是圍繞這個問題做文章。

我深信不論肯定風水和否定風水，都有人同意和不同意，也有人喜歡和不喜歡。但作爲一本求眞知、辨是非的書，似乎不容我計較那麼多。

假如有人問我，你不怕得罪人嗎？我唯有說：「我怕得要死，却是迫不得已。」

勞大剛

作者簡介

勞大剛(BRUCE LAO)，美國俄立岡大學碩士。

曾任香港電台節目主持人、新聞編輯及浸會書院傳理系兼任講師。近十多年來一直從事廣告行業，並於一九八一年與龐建輝成立美鼎廣告公司(MERIDIAN ADVERTISING (H.K.) LTD.；後再度合作，於八二年創辦 FORTUNE COMMUNICATIONS LTD.，爲幸運廣告（香港）有限公司之附屬機構，現爲該公司執行董事兼創作總監。

除本行工作，興趣極爲廣泛，對中國歷史、詩詞、電影、藝術，愛好尤深，早年曾隨史學權威趙鐵寒教授研習中國上古史。近年浸淫堪輿學及命理學，先後隨各家各派名師，並爲妙空禪師授徒陳泉公之入室弟子。

出版者的話

風水算命，到底是江湖術士信口雌黃的搵食法門，抑或是一門根據已知事實去推斷未來的科學？

一生的命理運程、貧富凶吉，是冥冥中早已有定，還是可憑藉改名換姓、移居徙戶而加以改變？

這些問題，一直是大多數人所深切關注，但又缺乏認識的。普遍來說，人們對風水命理的態度分三種；一是信到十足，絕不懷疑；一是半信半疑，「寧可信其有，不可信其無」；一是完全不信，斥風水命理爲迷信而置之不理。

其實，對風水命理這種源遠流長的論說，有興趣增加認識、分辨眞僞、定其虛實的朋友，相信不少。

有見及此，時報出版公司經香港博益公司推薦印製發行勞大剛先生撰寫《風水照妖鏡》一書，從「求眞」、「辨僞」的角度，以「解惑」、「起蔽」爲出發點，綜論坊間的風水命理傳言，提出科學的風水命理根據，言人所不敢言，道人所不敢道，誠是一部一新讀者耳目的風水新論。

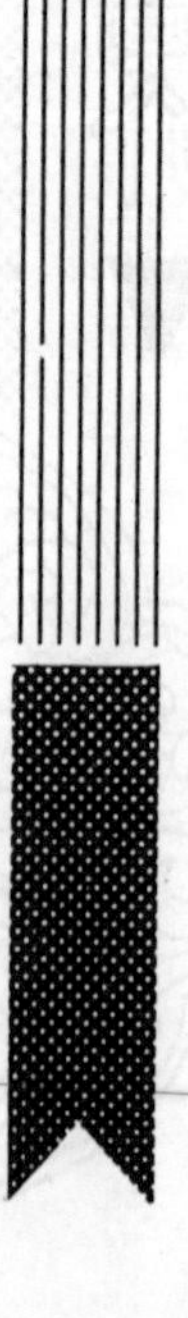

命理與人生

社　址：台北市和平西路三段240號4F
電　話：(02) 3066842・3025638
郵　撥：0103854—0 時報出版公司
信　箱：臺北郵箱79—99號

①紫微斗數新詮	慧心齋主著
②如何推算命運	慧心齋主著
③紫微斗數看婚姻	慧心齋主著
④紫微斗數看錢財	慧心齋主著
⑤紫微斗數看工商人	慧心齋主著
⑤紫微斗數開發潛能㈠	慧心齋主著
⑤紫微斗數開發潛能㈡	慧心齋主著
⑪明天他們將做什麼 ——20位政壇名人的命與運	了無居士著
⑫斗數論命	紫雲著
⑬原版「斗數宣微」現代評註(上)	觀雲主人原著／ 了無居士評註
⑭原版「斗數宣微」現代評註(下)	觀雲主人原著／ 了無居士評註
⑮斗數論求財	紫雲著
⑯「清朝木刻陳希夷紫微斗數全集」 現代評註	了無居士著
⑰斗數新觀念	吳東樵著
⑱中國古代算命術	上海・洪丕謨／姜玉珍合著
⑲紫微斗數講義㈠ ——如何排命盤	陸斌兆編著・王亭之補註
⑳紫微斗數講義㈡ ——星曜的特性	陸斌兆編著・王亭之補註

㉑認識自己改造命運　飛雲山人著
㉒公共關係面相術　飛雲山人著
㉓事業成功準則觀人術　飛雲山人著
㉔現代女性相術　飛雲山人著
㉕看相的故事　飛雲山人著
㉖看相的故事續集　飛雲山人著
㉗看相的故事第三集　飛雲山人著
㉘看相從頭學　飛雲山人著
㉙飛雲山人看相手記　飛雲山人著
㉚相學趨勢
——手、面相與風水學　飛雲山人著
㉟臉的秘密
——世界名人面相　瑞蘭・楊格著/李雲嘉譯
㊱爲你解風水　宋韶光著
㊲風水照妖鏡　勞大剛著
㊳李人奎談風水　李人奎著
㊴斗數論姻緣　紫雲著
㊵斗數疑難100問答(古典篇)　了無居士著
㊶斗數疑難100問答(現代篇)　了無居士著
㊷紫微論命不求人　了無居士著
㊸斗數論事業　紫雲著
㊹頭相、面相概論
——蕭湘相法(一)　蕭湘居士著
㊺五官相法精粹
——蕭湘相法(二)　蕭湘居士著
㊻面相及面相的流年
——蕭湘相法(三)　蕭湘居士著
㊼看星座透視你的老闆　田希仁著
㊽看星座透視你的男人　田希仁著

命理與人生㊲

風水照妖鏡

著者——勞大剛
發行人——孫思照
出版者——時報文化出版企業股份有限公司
台北市108和平西路三段240號4F
發行專線—(〇二)三〇六六八四二
讀者免費服務專線——(〇八〇)二三一七〇五
(如果您對本書品質與服務有任何不滿意的地方，請打這支電話。)
郵撥——〇一〇三八五四～〇時報出版公司
信箱——台北郵政七九～九九信箱
排版——正豐電腦排版公司
製版——成宏照相製版有限公司
印刷——嘉雨印刷事業股份有限公司
初版一刷——一九八五年四月十五日
二版十刷——一九九六年十一月五日
定價——新台幣一五〇元
◎行政院新聞局局版北市業字第八〇號

ISBN 957-13-0325-9

國立中央圖書館出版品預行編目資料

風水照妖鏡 / 勞大剛著. -- 二版. -- 臺北市
: 時報文化, 民80印刷
面 ; 公分. -- (命理與人生 ; 37)
ISBN 957-13-0325-9(平裝)

1. 堪輿

294 80003271